JN073885

絶望からの新聞論

南彰

地平社

はじめに

底が抜けた二〇年だった。

筆者が新聞社に入社した二〇〇二年、日本の新聞発行部数は、五三二〇万部だった。一世帯当たり一・〇九部である。それから二一年が経過した直近の二〇二三年は二八五九万部、一世帯当たり〇・四九部と、実に約二五〇〇万部が消失した。

スマートフォンの普及で新聞という存在は生活習慣から切り離され、購読している世帯は全世帯の半分以下に落ち込んだ。そのうえ、近年は落ち込みに加速がかかっており、二〇一八年からは前年比で年二〇〇万部以上が減っている。デジタル版の有料会員も伸び悩んでいる。

新聞業界は戸別宅配制度のビジネスモデルにあぐらをかき、デジタル社会への対応で遅れをとった。宅配の新聞には二〇一九年から消費税の軽減税率が適用されるようになったが、日本新聞協会が「今後も国民がより少ない負担で、全国どこでも多様な新聞を容易に購読できる環境を維持していくことは、民主主義と文化の健全な発展に不可欠」(二〇一三年一月声明)と訴えてきた根拠も揺らいでいる。

新聞通信調査会は二〇〇八年から「メディアに関する全国世論調査」を行なっている。二〇二三年一〇月発表の調査で、「情報源として欠かせない」メディアのトップはインターネットで、五四・五%にのぼった。それに対して新聞は三五・一%で四位。一〇年前(二〇一三年)には新聞がトップの五四・六%で、インターネットが四位の三八・一%だったが、逆転した。

調査では、各メディアの印象を「情報が信頼できる」「情報が面白い・楽しい」「情報が分かりやすい」「社会的影響力がある」「手軽に見聞きできる」「情報源として欠かせない」「情報の量が多い」「情報が役に立つ」の八項目について尋ねている。新聞は「信頼」の項目を除いて、インターネットを下回った。一〇年前には「情報が面白い・楽しい」以外の七項目で、新聞がインターネットを上回っていたのとは対照的だ。

「信頼」は一〇〇点満点中、新聞が六六・五点、インターネット四九・五点で唯一、新聞が上回ったが、別の質問では、深刻な現実を突きつけられている。

象徴的な事例がある。二〇二一年の調査で、新型コロナウイルスワクチンについての不確かな情報やデマと思われる情報を「見聞きしたことがある」と答えた人(全体の五五・五%)に、どのようにして正しい情報を確認したかを尋ねた設問への答え(複数回答可)だ。

●テレビの報道　四八・三％
●ＳＮＳ　三二・二％
●専門家によるネット上の情報発信　二七・五％
●政府の発表や呼びかけ　二五・二％
●家族や友人　二三・九％
●新聞の報道　一九・七％
●自治体の発表や呼びかけ　一五・五％

「新聞の報道」は、ＳＮＳを含めたネット情報の三分の一にすぎず、特に四〇代以下の世代では最も回答が少なかった。

ロイターの研究所が世界五〇カ国以上、三〇〇人以上のメディア責任者に取材をし、二〇二四年一月に出した「ジャーナリズム、メディア、テクノロジーのトレンドと二〇二四年の予測」での議論の中心は、人工知能（ＡＩ）への対応だ。

「ニューヨーク・タイムズが著作権侵害の疑いでOpenAIを訴えた。この訴訟では、システムを訓練するために数百万ものタイムズ紙の記事が無断で使用され、ChatGPTはこれらの記事から逐語的な抜粋を生成することがあり、このツールは信頼できる情報源として新聞社と競合していると主張している」

「印刷コストの上昇や流通網の弱体化で、場合によっては（発行が）限界に達するため、今年はさらに多くの新聞社が日刊印刷の生産を停止することになるだろう」

「米国では毎週二～三の地方紙が廃刊し、国内の広大な地域がいわゆる『ニュース砂漠』となっている。他の新聞社は、共有コンテンツや合成コンテンツに頼った『ゴースト・ニュースルーム』として存続している」

四六ページあるレポートで、脚注以外に「newspaper」の文字があるのは三箇所しかない。同時に、レポートは、デジタルシフトのなかでメディア全体が苦境に陥り、新たな時代に対応するためにもがいていることを示している。

三〇年あまり続いた平成の時代に「情報革命」が進み、メディア環境は激変した。「知る権利」という言葉が響かないほど、情報が溢れている。政治家も企業も自由な発信ができるようになり、マスメディアは情報の出口を握ることによる交渉力を失った。さらに、首相官邸に権限を集中させる政治・行政改革や、安全保障や国家を強化し市民的自由を制約する法整備が進んだ。ところが、マスメディアの側は「昭和」のモデルを引きずり、「一強」化する権力の監視を可能にする構造改革を怠ってきた。そして、不信と分断が進むなか、「新しい戦前」

と言われる時代を迎えている。

筆者はかつて、二〇一七年に始まった首相官邸の記者会見での質問制限・妨害問題を、「報道事変」と呼んだ。戦前の「満州事変」のように、後から振り返ったときに、取り返しのつかない「事変」とならないようにとの警鐘と願いを込めたものだったが、その危機は深まっている。

就職氷河期に社会に出て、運良くまだ勢いがあった時代の新聞社に関わった。当時、二万人以上いた新聞・通信社の記者は、二〇二三年には一万五〇〇〇人台に減っている。だが、いまも新聞は日本で最も記者を抱えているメディアであることは間違いない。過去にしがみついたり、その資産をただ自分たちが生き残るために食いつぶしたりするのではなく、次世代のメディア環境への「つなぎ」をしたいと思う。

本書は新聞の正しいたたみ方、いや、正しい残し方と言えるかもしれない。めざす新聞の姿は、「ペットボトルの水」のような存在だ。刺激の強い嗜好品ではなく、正気を保ち、いざというときに頼りになるものだ。次世代にどのようなメディア環境、民主主義社会を残していけばよいのか。皆さんと一緒に考えていきたい。

絶望からの新聞論……目次

第1章

脱藩・朝日新聞

文春からの電話

早すぎる連絡だった。

「本日、退職届を出したと伺いました。お話を聞かせていただけないでしょうか」

二〇二三年七月一〇日午後五時頃。スマートフォンに電話の着信とメッセージが送られてきた。週刊文春の編集部からだ。

この日、二一年半勤めた朝日新聞社に一〇月末で退職する届を提出した。旧築地市場に面した東京本社の会議室でひっそりと編集局長に手渡したのは午前一〇時半。六時間ほどしか経っていなかった。

スマホの電源を切ったまま北陸を旅していたので、メッセージに気づいたのは三日後。折り返しの電話を入れると、週刊文春編集部は、後述する「七月八日」の出来事も把握していた。

一〇月末まで時間をかけて、お世話になった人たちに説明していこうと考えていたので、戸惑った。退職するということは、現状への危機感や違和感があることは間違いない。文春が関心を示していた「七月八日」の件は、その一つの要素だった。

ただ、そうした負の感情というよりは、抱いてきた危機感をベースに、新たなことにチャレンジしたいという思いがあった。この時点では、離ればなれになる朝日の仲間に伝えるメッセージと、これから新たな仲間になる人たちに伝えたいメッセージを、どのように両立できるのかも、考えがまとまっていなかった。

「私一人が退職するだけの話ですから、記事にはしないでくださいね」

そうお願いした。ただ、文春の編集権の行使を止めるわけにはいかない。「退職」の意味はまずは自分の言葉で伝えたいと思い、七月一七日にＳＮＳで退職を公表した。

このたび、朝日新聞を一〇月いっぱいで卒業し、沖縄で記者をすることにしました。すでに退職届を提出し、準備が整い次第、沖縄に拠点を移す予定です。「地域」「市民・読者」にねざすという原点に立ち返って、市民社会の幹を太くするような報道にとりくんでいきたいと考えています。

近年、権力や富、情報が一部に集中し、報道も「国益」が幅をきかせ、中央目線で「消費するニュース」に傾きつつあると感じていたからです。それに流されず、次世代により良い社会やジャーナリズムの環境を残していくには、いま自分の軸足をどこに置くのがよいかを考えた末の選択でした。

朝日新聞の力を信じていた

二〇〇二年春に大学を卒業し、二二歳で初任地の仙台に着任した。

「どこかぼんやりとした印象のある、ひどく頼りのない青年に見えた。留年や海外放浪を繰り返して二〇代半ばで入社する同僚が多い新聞社で、浪人も留年もせずにストレートで新卒入社した二二歳。口べたで、原稿が遅く、文章がびっくりするほど下手だった。『進むべき道をもう一度考え直した方がいいんじゃないか』と思わず忠告したくなるような青年だった」

二年上の先輩、三浦英之記者が著書『フェンスとバリケード』(朝日新聞出版、二〇二二年)に記した入社当時の私への評価だ。その年、仙台に配属された新人が私一人で、三浦記者をはじめとする先輩たちに鍛えられたことは幸運だった。地方での事件取材から経験を積む全国紙の教育システムで育てられながら、新聞記者の道を歩むことになった。

二〇〇八年、政治部に配属された。翌年に青木幹雄元自民党参院議員会長の番記者になり、「参院のドン」を育んだ地元・出雲の政治風土を掘り下げるルポ「探訪保守」を始める。半年間、出雲と国会を行き来した。百のことを調べ、厳選して一を書く。そのくらいの気構えで、取材に時間や金を使える恵まれた環境があった。

逆風もあった。二〇一四年は、吉田清治氏の証言に関連した「慰安婦」の記事（一九八〇〜九四年）と、福島第一原発事故の政府事故調に対する吉田昌郎所長の調書に関する記事（二〇一四年）をめぐり、朝日新聞は批判を浴びつづけた。

筆者は当時、大阪で橋下徹大阪市長（日本維新の会共同代表）の取材をしていた。

「なんで（会社を）辞めないんですか？　僕だったら辞めますよ」

オンラインで配信されている記者会見で橋下氏から逆質問された。連日のように記者会見やぶら下がり取材の場で、産経新聞や読売新聞の記者が、朝日新聞と「慰安婦」の問題を質問していたからだ。数十分から二時間近い苦痛のやりとりを耐え、終了後にはその音声を聞き直してメモにする日々だった。そのときには、ジャーナリストの池上彰氏のコラムを不掲載にした経営陣の判断ミスをめぐり、二〇〇人近い社員有志の署名を集めて説明を申し入れた。

当時の申し入れ文は、こうつづっている。

「異論がある場合には意見を表明することが言論機関には不可欠だ。この申し入れは、阪神支局襲撃事件の後、『明日も喋ろう』と誓った社の姿勢に沿うものと信じています」

苦しいバッシングのなかでも、言論や自由を大切にする朝日新聞の力を信じていたのだろう。

「力の強いもの、大きな権力に対する監視の役を果たそうとすること」
「とかく一つの方向に流れやすいこの国で、少数派であることを恐れないこと」
「多様な意見や立場を登場させることで、この社会に自由の気風を保つこと」

朝日の先輩記者である故・筑紫哲也氏がTBS系の『NEWS23』に最後に出演したときに語った言葉だ。キャスターになる前に筑紫さんが所属した朝日にも存在したDNAだと感じるようになっていった。ちょうどこの時期、さまざまな権力の中枢が集まる東京から離れて、独立した気風を残していた大阪本社にいたことも大きかったと思う。

大阪本社では、有志で「慰安婦」問題の勉強会も開いた。猛烈なバッシングのなかで、社内でも「慰安婦」報道を避ける空気が広がり、報道にたずさわったメンバーが「自分たちが辞めないといけないかな」と悩んでいたからだ。心が折れないように励まし、朝日が守りつづけていくべきものへの理解を広げていくためだった。

東京本社でも、読者の声や社外の評価をふまえて報道を点検し、編集部門に説明や改善を求めていく「パブリックエディター」の制度を導入するなど前向きな動きが出てきていたので、徐々に日常の記者の仕事に没頭するようになった。その後の会社の変質を振り返ると、経営陣を信じすぎてしまっていた。

「吉田調書」の報道を失敗とみなし、それを手がけた特別報道部に対する不満が爆発したのだ。これまで脚光を浴びてきた特別報道部へのジェラシーだ。

「自分が担当にいる間は、日本会議のことは書かせない」

たとえば、安倍政権の支持基盤になっていた日本会議の調査報道をめぐり、そんな発言をして、現場の意欲をそぐ人物が特別報道部に送り込まれるようになる。チャレンジングな報道の芽がどんどんつぶれていく。二〇一四年まで進められてきた、記者クラブに依拠せず、調査報道とオピニオンを軸とした新聞社をめざした構造改革が頓挫した。

のちに、「執念を感じさせる粘り強い取材により、海外メディアによって歪められてきた日本の姿を修正し、真実を伝える作品である」と新潮ドキュメント賞に選ばれた調査報道も、朝日では葬り去られた。

アフリカ特派員だった三浦英之記者が『太陽の子——日本がアフリカに置き去りにした秘密』（集英社、二〇二二年）につづった日本人残留児の問題だ。一九七〇～八〇年代、日本の鉱山企業がアフリカ中部の資源国コンゴ民主共和国に開設した巨大な銅鉱山で、日本人労働者とコンゴ人女性との間に生まれた子どもたちが置き去りにされていたのだ。

英仏のメディアが「子どもたちは日本人医師と看護師により毒殺されていた」という疑惑

まで報じるなか、日本人残留児たちのもとを一人ひとり訪ね、真相に迫った渾身の取材だった。しかし、上層部は『慰安婦』問題のように批判をされるのではないか」と見送りを決め、三浦記者も特派員から外された。

出世しないけどよろしく

朝日新聞を軸にした人生が変化したのは、二〇一八年五月末、全国の新聞・通信社の労働組合の集まりである新聞労連（日本新聞労働組合連合）の委員長の打診を受けたことだ。

朝日から一〇年に一度、いわば持ち回りで送り出す委員長の人選が難航していて、政治部の中堅になっていた筆者に声がかかったのだ。安倍政権のもとで民主主義のルールが変質し、メディアの分断が進行。また、朝日社内でも「再生」を担うはずだった経営陣のもと、内向きな危機管理ばかりが強調され、リベラルな言論を封印しようとする雰囲気が広がりはじめた時期だった。

打診をしてきたのは、朝日の憲法報道をリードしてきた豊秀一（ゆたかしゅういち）編集委員。一〇年前に朝日から選出されて新聞労連委員長を務めた人だ。

「朝日では、労連委員長は出世しないけどよろしく」

一九八〇年代に『朝日ジャーナル』で統一教会報道をリードした藤森研元労連委員長が豊編集委員に要請した際にも使われた、包み隠しのない言葉だった。

ちょうどこの頃、山崎豊子原作の『沈まぬ太陽』のドラマを見はじめていた家族は「新しいことはやってみたら」と前向きだった。ドラマ冒頭に出てくる労働組合委員長が輝いていた影響もあるかもしれない。

前年に起きた菅義偉官房長官の記者会見をめぐり、取材制限や記者への中傷、殺害予告まで起きたときに、当時の労連委員長だった小林基秀さん（北海道新聞）、前任の新崎盛吾（せいご）さん（共同通信）が精神的にサポートをしてくれたので、「ご恩返しをしないといけない」とも考えた。

だが、信頼する社内の上司からは、珍しく引き留められた。

「政治も大変だし、朝日新聞が壊れそうなんだから、それどころじゃないだろ」

確かにそうかもしれない。それでも、メディア業界の曲がり角でさまざまな問題が噴出しているなか、誰かが引き受けないといけない。いまある自分たちのやり方やポジションをただ守ろうとするのではなく、次世代にいかにより良いメディア環境を引き渡していくかを起点に考える。そのなかで持続可能性のあるニュースの生態系をつくっていくことが必要ではないか。そう考えて引き受けることにした。この年の春に起きた財務事務次官の女性記者に対するセクハラ問題を受けて、会社の枠を越えた「メディアで働く女性ネットワーク」ができた動きにも期待をしていた。

メディアを取り巻く環境変化のなかで

安倍晋三首相が三選を決めた自民党総裁選の取材が終わった直後の二〇一八年九月二六日。三九歳で新聞労連の委員長に選出された。

「メディアを取り巻く環境が変化し、ネットメディアとの人材獲得競争も本格化している。そのなかで、私たちが生き生きと働き、よりチャレンジングな人材を獲得していける新聞業界にしていくには、セクハラ問題に象徴的に表れる悩み、苦しみをうやむやにせず、連帯して解決を図る仕組みづくりが急務です」

そうした就任のあいさつで掲げた合言葉は「ネクストジェネレーション」。

『組合費を払っている現役が優先だ』とお叱りを受けるかもしれませんが、将来世代がチャレンジしてみたいと思える環境をつくらなければ、私たち自身の持続可能性もありません」

任期二年の労連での活動の根底にあったのは、「デジタル社会」への対応だった。

これは単に紙がデジタルに置き換わるという話ではない。

マスメディアが情報の出口を押さえていた「垂直型」の関係性が崩れ、市民社会との関係が「水平型」になったからだ。新聞社が中心となってつくられてきた職業文化や取材の手法なども可視化されるなかで、いかに権力からの独立性を保ち、市民社会から信頼され、民主主義社会を維持していくうえで「必要」と感じてもらえる存在になれるのか。「権力とメディア」「市民社会とメディア」の関係性の見直しと、自分たちの役割を明確にすることが肝だった。

在任中は、出身職場の政治部に関連した官邸記者会見のあり方に対する市民の批判が高まった時期と重なった。メディア関連労組として異例の首相官邸前での抗議行動を行ない、約六〇〇人の市民らを前に、七人の現役記者がマイクを握り、現状の危機を訴えた。社会部や経済部が担当する中央省庁でも形骸化した記者会見が繰り返されているところがあるが、政治部の取材現場はインターネット中継で可視化されやすい。メディアに対する謙抑性を失った権力と日々対峙している現場の仲間を思うと心が痛んだが、政治取材の現状は「メディア不信」の大きな要因と感じていた。政治部復帰を控えた時期には『政治部不信』(朝日新書、二〇二〇年)と題した新書を出版した。

「君、大丈夫なのか。〝まともな政治記者〟として出世できなくなるよ。変えるためには権力を取らないといけないんだから」

大学時代からお世話になっていた政治記者の先輩から忠告されたが、「不信」の現実を受けとめて、「まともな記者」のあり方自体を見つめ直す必要があると考えたからだ。

権力との共犯性を問われた「賭け麻雀」

報道での主張と一致した組織風土、体質への変革は不可避だった。

二年間の任期中で、「新聞の死期を早めかねない」と最も切実な声が寄せられたのは、二〇二〇年五月に発覚した黒川弘務（ひろむ）・東京高検検事長と朝日新聞、産経新聞の司法記者クラブ経験者が繰り返していた「賭け麻雀」だった。

黒川氏は当時、国会で審議中の検察庁法改正案で渦中にいた。安倍政権が法解釈を変更して定年延長させ、検事総長に就任すると見られていたからだ。「#検察庁法改正案に抗議します」のツイッターデモが広がり、政府・与党は法案断念に追い込まれたが、最後の決め手になったのが、週刊文春が報じた「賭け麻雀」問題だった。

「新聞記者は、疑惑の渦中の人物の共犯者ではないか」という批判が高まり、同年一月から愚直に黒川問題を追及してきた記者の努力はかき消された。市民が権力の暴走をくい止めた闘いで、新聞は市民の側ではなく、権力の「共犯者」で終わってしまったのだ。

この時期、政治部関連の官邸記者会見問題、テレビ朝日の『報道ステーション』の社外スタッフ契約打ち切り問題など、〝身内〟が関連した事案への対応が多かった。精神的に負担だったところに起こった朝日新聞の案件。「そろそろ元の職場に戻るんだけどな……」と思ったが、「このまま現場が見過ごしたら、新聞の死期を早める」という意見が根強かった。このため、個別の不祥事では異例だったが、新聞労連委員長名で声明を出した。

「報道機関の人間が、権力者と一緒になって違法行為を重ねていたことは、権力者を監視し、事実を社会に伝えていくというジャーナリズムの使命や精神に反するもので、許しがたい行為です」

声明では、権力者と一緒になった共犯性を明確にした。ごく少数の関係者が握る情報を引き出すために、清濁併せのみ、「取材先に食い込む」努力を続けてきたことに触れたうえで、「賭け麻雀」に象徴される旧来型の取材慣行の問題点を指摘した。

●捜査当局に食い込もうとするあまり、時に「犯人視報道」による人権侵害につながっていること
●取材記者のセクハラ被害の「泣き寝入り」の温床になっていること
●長時間労働を前提にしてきた無理な働き方で、とりわけ女性の参入障壁になっていること

そのうえで、『賭け麻雀』は市民や時代の要請に応えきれていない歪みの象徴です。次世代の記者が同じような歪みを我慢し、市民からの不信にさらされないように、各報道機関の幹部には体質の転換に向けた具体的な行動を強く求めます」と訴えた。

信頼回復の六つの提言

「賭け麻雀」的な取材慣行に対する郷愁は根強かった。

「黒川検事長という時の人に、ここまで食い込んでいる記者がいることには感服してしまう。自分が現役の記者時代、とてもこんな取材はできなかったなあ。朝日の社員は、検察庁の担当を外れても、当時の取材相手と友人関係を保てているということだろう。記者はこうありたいものだ」

新聞労連の声明直後に朝日新聞に掲載された池上彰氏のコラムは、その一つの例だった。

池上氏は「でも、いくら何でも賭けマージャンはまずいだろう」と釘も刺していたが、前段が一人歩きし、体質改革の足を引っぱりかねないと思った。二〇一四年に起きた不掲載問題以降、池上氏のコラムは不可侵の存在となり、「免罪符」として働く危険性を感じたからだ。

そうした危機感から、東京大学大学院教授の林香里氏やエッセイストの小島慶子氏らと相談し、メディア研究者と新聞労連の有志でまとめたのが「ジャーナリズム信頼回復のための六つの提言」だ。

「賭け麻雀」を断罪することに難色を示す声が聞こえてきたが、「許されない行為」と明記した。取材先と深夜まで「賭け麻雀」をすることができる人間が評価され、それができない人間は主要な取材から排除されていくような職業文化を変えるためだ。男性の取材先と記者が相互承認し合う「ボーイズクラブ」を解体するために、あいまいにしないほうがよいと考えた。

二〇二〇年七月一〇日に公表した提言では、「賭け麻雀」問題は「日本のメディアの取材慣行や評価システムに深く根ざした」ものと指摘し、官邸記者会見問題や、財務事務次官によるセクハラ問題にも通じる問題と位置づけた。「権力との癒着・同質化」「記者会見の形骸化」「組織の多様性の欠如」「市民への説明不足」「社会的に重要なテーマの取りこぼし」という、日本の報道現場が抱える五つの問題点を挙げた。

そのうえで、報道倫理のガイドラインの制定・公開や、当局取材に集中しているリソースの見直し、長時間労働に基づく取材慣行の見直しなどを提言した。

労連の声明から一貫しているのは「報道機関を支えているのは権力者ではない。市民の信頼なくしては存立することはできない」という考えだ。

既存のビジネスモデルが崩れ、取材現場の人員削減が進み、現場は疲弊している。まずは、市民に軸足を置いてリソースを集中する。権力側に食い込み「友だちになる」ことに偏重した評価システムを改める。そして、双方向性が重視されるデジタル時代に合った職業文化に変え、市民に「仲間」と感じてもらう関係を構築することをめざした。

この提言には、新聞協会加盟社の現役社員一二七人を含め、一〇二七人が賛同した。賛同した現場のメンバーの声は悲痛だった。

●「入社四年目の記者です。メディア内部の慣習・常識と、社会の常識の乖離を感じます。受け取り側の信頼あってこそのメディア。いち早く変わらないと、メディアの存在意義を失うのではないかという危機感を抱いています」（新聞社記者）

●「当局取材をしていた当時、私自身も『いずれ発表されることを他社より早く書く』ことにしかつながらない取材に奔走し、そのことに大きな疑問を感じないまま仕事をしてきました。直接的な評価につながる機会も多く、やりがいを感じたこともあります。しかし、年齢や経験を重ねるにつれてそのおかしさに気づき、地道に調べたり現場を回ったりする取材を大切にするようにしました。次第に、社内で『他社より早く書く』ための取材ができる人を過大に評価する風潮を感じ、苦しく感じるようになりました。その苦しさが何だったのか、提言の中で言語化してくださったおかげで、自分の考えも整理することができました。みなさんの活動やその他の新しいメディアの動きに勇気をもらい、自分には何ができるのか考えています」（新聞社記者）

●「若い記者が意欲的に取材できる環境が必要です。ジャーナリスト志望の若者は文春に流れて、新聞に見切りをつけないか心配しています」（新聞社部長）

●「提言に書かれていること以外にも今の報道機関が抱えている大問題は山積みです。現実的に変えていくためには、現場から代案を提示して、実践していくことも必要だと感じています。『今の状況が続くなら新聞社にいられるのもあと少しかもしれない』と思うほど深刻に考えているので、今回の行動が、問題意識を共有する同業者たちが連携していくきっかけになることを期待して署名します」（新聞社記者）

テレビの報道番組でも「これまでは飲み屋で愚痴をこぼして終わりだったのが、こうやって公にすることは意味がある」と紹介された。朝日で東京編集局長を務めた作家の外岡（そとおか）秀俊さんも賛同人となり、自身のウェブ連載にこうつづった。

「この提言が、これまでの批判と異なるのは、賭けマージャンの根源には、『取材源と親密になってオフレコで情報を取る』という慣行が長く続き、それが記者会見など公の情報公開の形骸化を招いていることを、率直に認めていることだろう。また、取材源も取材側も男性優位の均質集団を形成しており、それが形を変えて女性記者へのセクハラとなっていることも指摘する。少なくとも、賭けマージャン問題の本質に、率直に向き合った声明のように思える」

一二七人の現役社員のうち、最も多かったのが朝日のメンバー。その重みを感じながら、二〇二〇年九月、労連委員長を退任し、朝日の政治部に戻った。

個の強い記者がどんどんいなくなっている

復帰後は、国会取材班のキャップになった。週一回のウェブ連載「金曜日の永田町」を持ったり、読者と対話できるオンラインイベント「記者サロン」を定期的に開いたりして、自分の仕事としては順調だった。

ただ、地方勤務時代の取材先から「なかなか記者が来てくれなくなった。以前はどんどん書いてくれていたのに」という連絡が相次ぐようになっていた。

地方勤務の記者を大幅に減らしたからだ。朝日新聞は四年間で地方総局・支局の記者を約二〇〇人減らし、効率よく情報をとれる東京に記者職の約六割が集中する状態になっていた。このままでは議会の議論や市民団体の動きなど、草の根で民主主義を支える情報がやせ細っていってしまう。読売新聞以外の全国紙も同様の傾向で、全国紙と競争していた地方紙の仲間からも「記者会見をしても地方紙の記者一人ということがある。緊張感がなくなって、若手の教育にとっても良くない」と全体的な質の低下を不安視する声があがっていた。

朝日の社内では管理部門が肥大化し、社内での調整や会議が増えた。キーワードの一つが「輪読」だ。

取材記者が減っているにもかかわらず、さまざまな原稿が編集局長室のチェックの対象となり、事前に了解を必要とするようになる。各出稿部の担当者、考査・危機管理の担当者、デジタル連載の担当者、紙面の担当者……。一つの原稿を掲載するのに、編集局長室の複数人の「決裁」が必要となり、現場はますます疲弊していった。

「人も減っているなか、もう少しシンプルな意思決定にしないと現場は持たないし、みずみずしい記事も出なくなりますよ」

局長室のメンバーに何度も改善を求めた。理解を示してくれる人もいたが、大勢は「自分たちが現場の記者だった頃と比べて、最近は取材が浅い。局長室がきちんと見ないと危ない」と主張した。相互不信だった。

上層部はネット上で「また朝日が」と書き込まれることを極度に警戒していた。研修で広報部を訪れたときのことだ。

「南さんのSNSも毎日見ていますよ」

朝日に関する投稿を三～四人でチェックしている部屋で、担当者がパソコンの画面を見せてくれた。社員のSNSでの投稿内容や「炎上」を監視するタイムラインが映し出されている。その結果をまとめたレポートが平日は毎日、経営陣や所属長にメールで送られていた。

一方で、デジタルの数字や反応ばかりを追いかけるようになり、記事もデジタルで読まれやすい「消費するニュース」に傾いた。取材の出張申請のときに「その記事で有料会員はいくつとれるの」と口にする編集局幹部まで現れた。

新聞労連時代に推進したジェンダー平等に関して、朝日がメディア業界の先陣を切って、二〇二〇年四月に「ジェンダー平等宣言」を打ち出したことには期待していた。女性社員の有志が粘り強く働きかけた成果で、メディアが変わることによって、社会のより良い変化も生み出していくプロジェクトだったからだ。

しかし、男性中心の職場の無理解やバックラッシュが重なって離職が相次ぎ、一割台前半の女性管理職の割合がさらに低下してしまった。社外のアドバイザー役が「いまのままでは『ウチの会社は口だけ』という不名誉なイメージを社員に与えつづけることになる」と警告。就職相談に乗っていた将来を担う学生たちも「なかなかうまく進んでいないようですね」と看板の内実を見抜きつつあった。

筆者も二〇二二年四月に政治部から異動し、コンテンツ編成本部のデスクになった。かつて「整理部」と呼ばれた紙面・デジタル版の編集者が集まる部署だ。編集局長室の直属の組織で、政治部の現場にいたときよりも会社の内情がより見えてきた。

体質は旧態依然のまま、社内の統制ばかりを強めて、自由な気風が壊れていく朝日の変質に危機感を募らせる社内外からの相談を受け、連日、大量の泥水を飲むような感覚ではあった。経営陣は優れたコラムニストや記者を目の敵にし、人事権による統制を強めた。歴代のパブリックエディターたちも「朝日は個の強い社員の多い面白い会社だと思っていたが、どんどんそうではなくなっている」と案じていた。

「出世しないけどよろしく」と言われて引き受けた労連委員長だったが、上層部も「ぞんざいには扱えない」と感じており、他の社員より多少の無理は利いた。それならば、「元労連委員長」という肩書を持った人間が時に防波堤になりながら、粘り強く押し返していく必要があると思っていた。

安倍元首相銃撃事件の夜

しかし、そうした思いが打ち砕かれたのが、二〇二二年七月八日。安倍晋三元首相銃撃事件が起きた、その日の夜だった。

朝日新聞の取材陣はいち早く容疑者の親族に接触。旧統一教会（世界平和統一家庭連合）の信者になった母親の多額の献金のせいで苦しんできた容疑者の生い立ちについての証言を得て、捜査当局からも同様の情報を得ていた。

それにもかかわらず、教団名を報じたのは、参院選の投開票が終わり、教団が記者会見をした三日後。雑誌系メディアや海外メディアの後追い報道となり、他の新聞・テレビと横並びだった。

事件当日夜の編集局の会議には、編集担当役員が乗り出して、「モリカケばかり強調するな」「SNSで会社がつぶれかねない」など表現を抑える発言を続けていた。そうした結果、「脇を締めよう」という合言葉が編集局中に広がり、読者・市民の知る権利に最大限応えるという大切な使命が置き去りにされてしまった。

その後も萎縮が続き、宮台真司・東京都立大学教授のインタビュー記事で、民主党政権下に自民党と教団が再び接近して関係を深めたと語ったくだりを「社会部の取材で確かめてからでないと掲載できない」と削除。朝日には教団取材の蓄積もあったが、そうした記者を遠ざけていたので、確認にも時間がかかる。民放などに大きな遅れをとり、読者の離反を招いた。

事件当日の晩には、こんな出来事もあった。

参院選報道を仕切っていた先輩の政治部デスクが突然、ニタニタしながら近づいてきて、「うれしそうだね」と話しかけてきたのだ。

事件の一報を受けたとき、銃撃事件は「メディアの敗北」と受けとめていた。言論によって社会を変えていくことを信じられなくなった末の凶行だと思ったからだ。戦前のように政治家を狙ったテロの時代になっていくことも心配だった。

それにもかかわらず、朝日の政治報道の中核を担っている人間が事件を笑っている。人の命を暴力的に奪う殺人と、言論による安倍政権批判との区別もつかない状況に慄然とした。

「あなたのような人間は政治部デスクの資格がないから、辞めるべきだ」

そう指摘した。しかし、「僕、辞めろって言われちゃったよ」と茶化して何の反省も示さなかったどころか、その後もしつこくつきまとわれた。

「権力に批判的な記事を書いている記者にそういう言葉を投げかけるのは、個人の問題というより、そういう風潮があるということで大きな問題だ」

後から知った同僚たちは問題視してくれたが、冷笑に満ち溢れた管理職が跋扈する姿は、近年の幹部のもとで進んだ人心の荒廃を象徴するものだと感じた。

旧統一教会の報道をめぐり朝日批判が起きているさなかにこのデスクの言動に関する情報が一人歩きしたときの影響を考え、自分の心の内に閉じ込めていた。この頃、まとめ役を任された教団とジェンダー政策に関する取材班には、各地の心あるメンバーが集まっており、そのプロジェクトがある程度見通しがつくまでは黙々とやろうと考えた。ただ、気持ちを閉じ込めるほど、「このような組織を次世代のジャーナリストに勧めることはできない」と考えるようになった。

朝日は二〇一四年の経営陣交代以降、記者や取材網を次々と削り、新規事業に資金を投入したが、ほぼ失敗に終わった。定年延長の実施で退職金の支払いを五年間先送りしたり、新入社員の採用を大幅に抑制したりするなどの筋の悪い施策で黒字を維持してきたが、結局、二〇二〇年に創業以来の大規模赤字を計上して、翌春、渡辺雅隆社長（大阪社会部出身）が引責辞任。その後、中村史郎社長（政治部出身）と角田克常務・編集担当役員（東京社会部出身）が経営の中心を担うことになった。

二〇一四年の一連の問題で、将来の経営を嘱望された人材が失脚しなければ、二人とも第一線に就くことはなかっただろう。そうした二人だが、力を合わせるのではなく、社長の座をめぐって反目し合っていた。

二〇二三年四月の役員人事に向けて、次の社長の座を狙っている角田常務をラインに残すのか、外すのかが焦点になっていた。人事権を背景に編集局を変質させた象徴として、角田氏の交代を期待している人はいた。

ただ、二〇二二年一二月には、その期待は急速にしぼんだ。

「角田さんが早河会長と飲み会をして、意気投合した」という情報が出回ったからだ。早河会長とは、テレビ朝日の早河洋会長のことだ。安倍政権と歩調を合わせ、テレ朝宿願の朝日新聞からの独立路線を進めてきた。朝日は最大株主であるにもかかわらず、テレ朝との意思疎通に苦労していた。読売や日経などの同業他社とのパイプも角田氏が握っている。結局、角田氏は専務に昇格し、後任の編集担当役員には、「私はこれといった論を持ちませんが」と語り、「角田専務の部下」と公言する人物が就いた。

角田氏は朝日新聞労働組合の委員長経験者で、筆者が労連委員長に内定したときに送ってきた激励のメールがある。

「二〇一四年、読売、産経が朝日をののしったとき、地方紙、ブロック紙の社説を読んだが、簡単に言うと『朝日頑張れ』だった。地方紙やブロック紙の論説には結構、労連に絡んだ人が多い。そういう意味も含めて、朝日が労連に人材を送り出す意味はきわめて大きい」

他の朝日幹部とは違う観点だった。社内官僚の中村社長のグループが、角田氏を外すということは、どだい無理な話だった。

中村氏も角田氏も、読者を向いた路線を示しているわけではない。コップのなかの権力闘争が当面続くことになった。

女性団体を攻撃する政治家への好意的記事

「あなたはメディア界のアンパンマン。これまで困った人に顔を分け与えてきた。いまはゆっくり休んで」

進退をどうするか。悩んでいるとき、ある先輩から言われた。なんとか朝日新聞で働きつづけられる環境をつくろうと奔走している先輩の優しさは身に染みた。そうしたときに辞める方向へ背中を押したのは、二〇二三年五月三〇日に朝日デジタルで配信された「京大卒ジョーカー、挫折の先の自己実現　ウケ狙いから当選への分析」の記事だ。

虐待や性被害などにあった女性を支援する一般社団法人「Ｃｏｌａｂｏ」の東京・歌舞伎町の活動現場に出向いて、冷笑的、差別的な言葉を投げつけていた埼玉県草加市議について、そうした言動について触れないまま、政治スタイルを好意的に紹介したのだ。「デジタルで読まれそうな記事を」という編集局幹部の号令のなかで企画された記事だった。編集局長室にも当然、前述の「輪読」が回っていた。

配信直後からＳＮＳ上で、記事への疑問・批判の声があがったが、危機管理部門の当初の判断は「一部のジェンダー系の人たちが騒いでいるだけ」「記事を取り下げたら、市議から訴えられる」というもので後手に回った。

六月一日に「寄せられた指摘について重く受け止める」というおことわりを追記して乗り切ろうとしたが、批判が拡大。六月三日に結局、記事の配信を停止した。

コラボに対する攻撃がこの年起きていたときには、現場をルポし、ミソジニー（女性蔑視）に基づく攻撃がもたらす影響などを取材していた女性記者の記事に何度も注文をつけて記事の配信・掲載を二カ月近く先送りしていた。「コラボを擁護して、『また朝日が』と言われないようにしないといけない」という意見が繰り返された。

女性支援団体が理不尽な攻撃に苦しんでいるときには腰が重かったのに、「デジタルで読まれそう」という理由で、攻撃をしていた側の政治家を面白おかしく取り上げ、その政治家からの訴訟を気にしている。いったい、どこを向いた新聞社なのかと思った。

問題の再発防止策として、さらなる「輪読」の強化が提案された。現場の負担強化だ。しかし、「輪読」で問題の企画を通していた編集局長室内の人間で責任を取る人はいなかった。

「脱藩」を決断

「長期的に見ると、全国紙で残るのは日経と一般紙一紙」

『二〇五〇年のメディア』（文藝春秋、二〇一九年）を上梓したノンフィクション作家の下山進氏にそう言われたのは、二〇一九年一二月の新聞労連の役員会。「一紙の一般紙は」と尋ねた答えは予想通り、読売新聞だった。動乱期のメディアの攻防を描いた他の下山氏の著作でも、読売の山口寿一(としかず)社長が主役で、朝日新聞は主要プレイヤーと位置づけられていなかったからだ。その見通しは現実味を帯びていた。

新聞労連から見ていても、「変わらないといけない」という精神論を繰り返すばかりの二〇一四年以降の朝日幹部と比べて、山口氏の言葉のほうが具体的で響くものがあった。日刊新聞法による株取引の規制に守られるなか、朝日を骨抜きにしていく経営陣を変える方法は見当たらなかった。

「ジャーナリズムを守るため、新たなニュースの生態系をめざそう」

まずは自らの精神的自由を確立すること。朝日からの「脱藩」を決断した。

「絶望」という名のラブレター

退職届の提出は、「賭け麻雀」問題などを受け、二〇二〇年に「ジャーナリズム信頼回復のための提言」を各報道機関に送付した七月一〇日に合わせた。三年前の気持ちを忘れず、取り組みを続けていく決意を込めようと思ったからだ。

同僚たちは「ジャーナリズム支える　離れていても仲間です」という見出しで締めくくる四ページ立ての〝卒業新聞〟をつくってくれたが、同時にこう釘を刺されていた。

「黙って辞めないでくださいね」

退職届を提出した後も、社内では新たな管理強化策が打ち出されていた。

朝日新聞では、テレビ・ネット番組などの出演料や講演の謝礼は、いったん会社の口座に振り込み、「報奨金」として社員に支給する仕組みをとっていたが、その報奨金をゼロにして、全額会社のものにすることが一つ。もう一つは、出版などのすべての表現活動について、編集局長室の事前検閲を事実上義務づけること。この二本柱からなる社外活動規制だ。

NHKの連続テレビ小説「らんまん」で大学教授が主人公の牧野富太郎に「私のものになりなさい」と迫った言動とそっくりで、社員の活動のすべてを管理し、成果と自由を奪っていくようなものだった。三浦英之記者の『太陽の子』のような作品の出版はできなくなる仕組みだった。

良質な読者が支えてきた朝日がきちんとした形で残ってほしい気持ちと、そこから自分自身は離れていく現実。いったい何を伝えればいいのだろうと悩んだが、「ラブレター」としてつづることにした。

朝日社員としての最終日となった一〇月三一日。「退職のごあいさつ」と題したＡ４で五枚の手紙を書き終えた。

退職届を出して以降、多くの方から「なぜ」と尋ねられてきました。文春をはじめ、さまざまなインタビューの要請がありましたが、なかなか応じる気持ちにはなれませんでした。まずは社内に残る皆さんに、朝日新聞という社会的資産をどう生かし、次世代に引き継いでいくのか。それをじっくり考えてほしいと思ったからです。

そして、朝日が置かれている状況、労連の活動を通して変えようとした「デジタル社会への対応」と進まぬ体質改善を指摘。さらに、社外活動規制がもたらす未来に警鐘を鳴らした。

今後、朝日の社員が出す作品は激減するでしょう。なにより、自らの足元で権力者の顔色をうかがい、自由を簡単に手放す集団は、市民が自由を奪われていくことへの感度も鈍り、決して社会の自由な気風を守っていく砦になることはできません。すでに複数のメディアで問題視されているのは、これが特定個人の問題ではなく、朝日新聞が今後もリベラルなメディアとして名実ともに存在できるのかどうかの岐路に立っているとみているからです。

「再生」を担うはずだった経営陣のもと、極めて内向きで、危機管理ばかりを強調し、朝日らしさを否定するような勢力が幅をきかせる組織になってしまいました。そして、日刊新聞法に守られるなかで、こうした経営陣を変えるすべもありません。そう、今の朝日新聞という組織には、絶望感ではなく、絶望しかないのです。

そのうえで次のように託した。

ただ、この「絶望」ときちんと向き合えば、朝日新聞の本来あるべき姿を取り戻せるかもしれません。今回の退職は、あと半年待って、「選択定年」などの有利な条件で会社を離れる選択肢もありましたが、それでは本気度が伝わらないと思いました。これは、はかないけれど、朝日新聞が生まれ変わることを願った投資です。どうか保身ではなく、次世代のために朝日新聞の人材、資産をどう生かすかを考え、殻を破って欲しい。そして、心ある人たちとは、いつかまた、日本のジャーナリズムを共に支える仲間として、一緒に働けることを願っています。

送信先には、「絶望」を生み出した中村史郎社長と角田克専務。ＢＣＣに「絶望」の先の再生を託したメンバーを入れた。メールを送信し終えたときには、午前○時を回っていた。

第2章

「一強」化する読売新聞

「唯一無二の全国紙」

業界を掌握する自信に満ちた言葉だった。

「紙の新聞に対する信念を失った新聞社と、信念を持ち続けている読売経営陣とでは、この先、どんどん差が広がるはずです」

二〇二三年七月一四日、東京都内のホテル。業界紙『新聞之新聞』によると、読売新聞グループの山口寿一社長は「唯一無二の全国紙へ」と掲げられた会場で、販売店幹部らを前にこうあいさつしたという。

二〇二三年に入って、用紙代高騰などを理由に他の全国紙や地方紙が相次いで購読料を引き上げるなか、読売は三月二五日、「物価高騰が家計を圧迫する中で、読者の皆さまに正確な情報を伝え、信頼に応える新聞の使命を全うしていくため、少なくとも向こう一年間、値上げしない」と宣言した。

山口氏は「他紙が値上げにあたり、新聞の公器としての使命、読者・国民の利益をどこまで熟慮したかは不明」と皮肉り、「今回の価格据え置きを生かして、全国紙におけるシェアをさらに高めるべきです。そのようにして（二〇二四年の）創刊一五〇周年を誇りをもって迎えたい」と訴えたという。

日本ABC協会のまとめでは、二〇二三年九月の読売の朝刊発行部数は六二一万部。朝日、毎日、産経の三新聞の合計（計六二一万部）を上回った。日本経済新聞を含めた全国紙五紙におけるシェアは四五％を超えた。読売のシェアは突出している。

アメリカの数学者B・O・クープマンが、市場でのシェアを六段階に分けて示した目標値がある。この「クープマンの目標値」に照らせば、二〇一四年以前の新聞業界は読売と朝日が三〇％台のシェアを確保し、業界トップないし市場に影響力を有する地位を確立できる「市場影響シェア」（二六・一％以上）で並び立っていた。しかし、朝日が脱落し、読売は上から二番目の「安定的トップシェア」（四一・七％以上）を確保するようになった。業界における「強者」として安定した事業展開が可能となり、下位企業はシェアアップが困難となると分析される状況だ。

再編の主導権

読売新聞が公表している数字に疑問を感じている人は少なくない。読売の記者も「うちの新聞はホテルのフロントにけっこう、山積みにされていますよね」と自嘲気味に話す。

読売のデジタル版の会員登録には紙の購読が必要だ。情報空間の中心はデジタルに移っているのに、読売が紙のシェアにこだわるのは、メディア業界の再編を見据えているからだ。業界ナンバーワンこそが、新たな秩序の主導権を握れると考えている。

二〇二三年一〇月五日には、ＩＴ大手ＬＩＮＥヤフーと、インターネット空間の健全性を高め、人権を守る一環として、ネット上に掲載される記事などでのプライバシー尊重をより進める取り組みを始めるとの共同声明を発表。「世界最大の発行部数を有する読売新聞と利用者数国内最大級のＬＩＮＥヤフーが共同して発信することで実効性を高める。他メディア等にもプライバシー重視を呼びかける」と打ち出した。国内最大のニュースサイトと連携し、どのような記事を優先表示したり、排除したりするかのルールづくりに影響力を行使するための布石だろう。

さらに、ＡＩによる著作権侵害に対応できない日本の法制度の不備を追及したり、フェイクニュースや広告詐欺などの氾濫を抑止するデジタル技術を推進したりしている。

二〇二三年一月中旬の出来事だ。出社すると、編集者の先輩が目をぎょろっとさせて、声をかけてきた。

「これ、議論しないで、載せていいの？　デジタル版記者クラブのような話に映るよ」

翌日付の朝刊に「オリジネーター・プロファイル構想参画」の社告を掲載することへの疑

問だった。

「オリジネーター・プロファイル（ＯＰ）」とは、記事の作成者やデジタル広告の出稿元などの情報をネット利用者が識別できるようにする技術のことだ。新聞社が発信元のニュースの場合、新聞社の社名や第三者機関による認証をポップアップで表示することが想定されている。

全国紙を中心としたメディアと広告関連企業などがＯＰの「技術研究組合」を設立し、経済産業省に認可されたことを各社横並びで社告に出す予定だった。設立されたＯＰ組合のウェブサイトには、次のような狙いが書かれている。

現在のＷｅｂメディアでは、読者の関心を引くことだけを狙った「アテンションエコノミー」（関心を引くことの価値化）を背景に、事実を伝える記事よりもフェイクニュースのような目立つ記事の方が利益が上がる構造ができています。これはＷｅｂコンテンツ発信者の存在を確認し、発信者が担保してきた信頼性を可視化する一般的な手段が無いことが大きな原因の一つです。Originator Profile 技術は情報の閲覧者や広告配信システムから、適正なコンテンツ発信者が提供する記事やメディアを識別可能にし、インターネットの情報流通をより健全化できます。

デジタル化のなかで、既存のビジネスモデルが崩れている新聞社の経営陣にとっては、飛びつきやすい大義が書かれている。内々には「きちんとした記事と怪しげな記事を峻別するもの」という説明があった。

しかし、広告という各社の経営基盤に直結する問題で、いったい誰が、どのような基準で「怪しげな記事」と「峻別」していくのか。たとえば、「慰安婦」問題や「吉田調書」の記事をめぐり、政権ぐるみで「誤報」バッシングが起きたら、認証から外されはしないか――。そうした疑問点を幹部にぶつけると、十分な議論もなされていないまま提案に乗っていたことがわかった。

ＯＰ構想を進めている中心は、読売新聞と電通だ。実用化をめざしてＯＰ技術研究組合を設立した。生成ＡＩ（人工知能）の普及に対応した知的財産権保護のあり方などを議論している政府にもＯＰ活用を後押しするよう求めている。

組合設立を支えた関係者は、記者クラブの閉鎖性、記者会見問題などのメディア不信の要因に触れながら、こうこぼしていた。

「信頼を損ねている自分たちの既得権には手をつけず、自分たちを守る仕組みをつくるだけというのは……」

自己改革に背を向け、守りに躍起になっている状況を危惧していた。

新聞業界の地歩を固める読売

いま、読売新聞グループ内で「朝日が頭を下げてきた」とささやかれているプロジェクトがある。

朝日新聞の東京本社前に広がる築地市場跡地の再開発だ。読売は、三井不動産などと企業連合を組み、東京ドームに代わるプロ野球読売巨人軍の本拠地スタジアムの建設をめざしている。そこに不動産ビジネスなどの収入を確保したい朝日も加わることになったからだ。

「私たちは『新聞社を超える新聞社』を目指す」

二〇二四年一月、読売は創刊一五〇周年を機に、「読売行動指針」を発表した。「紙偏重」の経営と言われているが、渡邉恒雄グループ本社代表取締役主筆の退任後には一気にデジタルの分野にも本格的に乗り出す準備を進めている。

読売は二〇一三年から四期八年、白石興二郎（こうじろう）氏（二〇一三年六月〜一九年六月）、山口寿一氏（二〇一九年六月〜二一年六月）と二代続けて日本新聞協会の会長の座にあった。特定の社に偏らないように回してきた会長職では初めてのことだ。

その足場をもとに業界を掌握し、「ホワイトナイト（白馬の騎士）」とまで呼ばれるようになったのが二〇二一年。国内に二つしかない新聞輪転機メーカーの東京機械製作所が、投資ファンド「アジア開発キャピタル」から敵対的買収を仕掛けられたときのことだ。

当時、新聞協会の会長だった山口氏が呼びかけ、全国四〇社の新聞・通信社が「新聞各社の日々の印刷・生産体制に支障が生じ、ニュースの伝達に影響が及ぶ可能性があることに懸念を抱いている」という趣旨の書簡を東京機械に送付。最終的には、アジア開発が保有する約四〇％の株式のうち、三二％を「新聞社有志」が取得する形で収束させた。

新聞社有志の取得割合は、中日新聞社二・五％、朝日新聞社二％、北國新聞社一％、信濃毎日新聞社一％、北海道新聞社〇・五％。読売は二五％で筆頭株主になった。突出した「ホワイトナイト」の地位を読売が手にした。

「ウィンウィン」に沈黙

ただ、読売新聞は、ビジネスのために公権力と手を組むことをためらわない一面を持つ。

たとえば、二〇二一年一二月二七日には、読売大阪本社と大阪府が、情報発信など八分野で連携・協働を進めるために「包括連携協定」を結んだ。同日公表された「今後の主な取組み」には「生活情報紙などの読売新聞が展開する媒体や、各種ＳＮＳなどを活用して、大阪府の情報発信に協力します」という内容まで盛り込まれていた。

二〇二五年開催の大阪・関西万博の税金による「特需」を見越した関係づくりと見られるが、取材される側の権力と取材する側の報道機関の「一体化」は、読者の「知る権利」を歪め、民主主義を危うくする行為にほかならない。自治体と報道機関が同様の協定を結ぶ先行例もあったが、大阪府は西日本最大の自治体であるとともに、国政政党（日本維新の会）幹部がトップを務め、特定政党の影響力の強い自治体だ。

吉村洋文知事は協定締結の際の記者会見で「報道活動への制限、優先的な取り扱いがないことを双方確認している」と主張。読売大阪本社の柴田岳社長は、協定を結ぶことでメディアに自己規制が働くのでは、との質問に「懸念をもたれる向きはわかるが、読売はそうそう、やわな会社ではない」と反論した。

反論の根拠は同社の記者の行動規範だ。「取材報道にあたり、社外の第三者の指示を受けてはならない」「特定の個人、団体の宣伝のために事実を曲げて報道してはならない」と定められ、これに沿って公正にやることになっている、という。一方で、「新聞社にとっては将来的には『ウィンウィン』の関係。萎縮しないかは、『萎縮しないでしょう』というしかない」などとあやふやな発言に終始した。

特に公権力との「ウィンウィンの関係」が公然と語られることに危機感を持った。

「現場の記者がきちんと声をあげずにこれを放置していたら、なし崩し的に全国で広がってしまうのではないか。そのときには読売だけではなく、メディア全体が信用されなくなってしまう」

そうした有志の記者で、読売と大阪府の協定締結に抗議し、速やかに協定を解消することを求めるオンライン署名を呼びかけた。署名への賛同は一週間ほどで五万件を超えた。

「国民の『知る権利』は民主主義社会をささえる普遍の原理である。この権利は、言論・表現の自由のもと、高い倫理意識を備え、あらゆる権力から独立したメディアが存在して初めて保障される」

「公正な言論のために独立を確保する。あらゆる勢力からの干渉を排するとともに、利用されないよう自戒しなければならない」

これは、日本新聞協会の「新聞倫理綱領」の一節だ。

読売が大阪府と結んだ包括連携協定は、そこで謳われた独立の原則を突き崩しており、倫理綱領に反するものと考えられた。

しかし、市民から厳しい視線が寄せられたにもかかわらず、この連携協定の問題について新聞・テレビはほぼ沈黙している。新聞協会の編集委員会がまとめた「記者クラブに関する見解」（二〇〇二年策定・〇六年一部改訂）でも、記者クラブの構成員には前記倫理の「厳守」を求めているが、公権力と包括連携協定を結んだメディアが「記者クラブ」に在籍することの是非も議論になっていない状況だ。

読売の山口氏は、岸田政権が「敵基地攻撃能力」や防衛費の大幅増を盛り込んだ安全保障関連三文書に向けて立ち上げた「国力としての防衛力を総合的に考える有識者会議」（二〇二二年九月〜一一月）の委員となり、「岸田総理は日本の防衛力を抜本的に強化するという歴史的決断をされた」と発言。防衛省が二〇二四年二月に立ち上げた「防衛力の抜本的強化に関する有識者会議」でも委員になった。従来の一・五倍に増額した二〇二三〜二七年度の防衛費総額をさらに膨らませていくための布石となる会議だ。読売はその初会合を「防衛費四三兆円の見直し『タブーとせず』、有識者会議で議論……軍民両用技術の開発促進など検証」と報じた。

新聞協会が毎年調査している春入社予定の記者数で、二〇二三年の最多は読売六四人。朝日は一九人だ。読売が日本の記者志望者の主要な受け皿になっている。ただ、日本の健全なジャーナリズムと民主主義社会を維持していくうえで、読売が「唯一無二の全国紙」となり、対抗するメディアがない状況は望ましいものとは言えないだろう。

第3章

共犯者

遅すぎたやり直し

二〇二一年九月一〇日。菅義偉首相のインタビューを掲載した月刊誌が書店に並んだ。タイトルは「正面からお答えします」。

「解散は、自分の手でやってみたいとはずっと思っています。新型コロナの状況が厳しく、解散を打つタイミングはどんどん狭まっている。いろんな報道がありますが、新型コロナ対策を最優先で進め、総選挙についてもきちんと考えていきます」

月刊誌『文藝春秋』だ。文春オンラインによると、インタビューが行なわれたのは八月末日。「衆院解散」が表面化し、「菅では選挙を戦えない」と自民党内の反発が高まった九月一日には「最優先は新型コロナ対策だ。今のような厳しい状況では解散ができる状況ではない」と記者団に打ち消していた。実際には衆院の解散権を行使して、自らの権力を維持しようという意欲があったことを裏づける内容だった。

インタビューのなかでは、菅氏は国民の支持を失った理由について、「記者会見などに対するご批判が、現実に支持率などの数字にも影響しているとの指摘もいただいています」と語り、次のような抱負を語っていた。

「正直な話をすれば、総理の立場になったので、どうしたら国民に言葉が届くのか、もう一度一からやり直さないといけないと感じています」

結局、文藝春秋の発売前に退陣表明に追い込まれたが、インタビューで語られた言葉には、「いまさらか……」と脱力した。菅氏の記者会見のあり方については、二〇一七年から再三、問題点を指摘してきたからだ。

会見は記者の質問に答える場ではない？

二〇一七年は、森友・加計学園問題が表面化した年だ。

安倍晋三首相の友人が理事長を務める加計学園の獣医学部新設をめぐり、内閣府側が「総理のご意向」と伝えたとする文部科学省の文書を朝日新聞が報じた二〇一七年五月一七日。「まったく、怪文書みたいな文書じゃないか」「そんな意味不明なものについて、いちいち政府で答えるようなことじゃない」と記者会見で言い切ったのが、菅官房長官だった。

「怪文書」という事実に反する答弁は、約一カ月間も政府全体を縛り、国会でも「確認できない」という答弁が繰り返された。その間、菅氏は文書の存在を認めた前川喜平元文部科学事務次官について「（事務次官時代に）地位に恋々としがみついていた」と主張。政府のスポークスマンとしての記者会見の場を、告発者に対する一方的な人格攻撃に使った。

二〇一七年八月八日の記者会見ではこんなやりとりがあった。

加計学園の獣医学部新設をめぐり、学園幹部が国家戦略特区の申請前から首相官邸で首相秘書官と面会していたという報道の事実関係を確認する東京新聞社会部の望月衣塑子記者の質問に対し、菅氏は「ここは質問に答える場所ではないと思います」と遮断したのだ。

二日後、官邸の記者会見に参加した筆者は、菅氏に問いただした。

「一昨日の記者会見のなかで官房長官は『質問に答える場ではない』と言っているが、記者会見の場についての認識、その真意を伺いたい」

「記者会見には、記者会のなかで決めていただくことになっておりますので。私から答弁することは控えたいと思います」

「『質問に答える場ではない』と官房長官が答弁している。どういう認識で、記者会見について、そういう説明をしたのか」

「この場というのは、政府の見解について申し上げるところです。私、個人的なことについては、答弁を差し控えたい。それは当然のことだと思います。すべてのことについて答える場ではないということです」

「個人的なことをお伺いしているわけではなくて、まさに、『官邸で誰と会ったか』ということは政府が把握していることだし、そこについての政府の見解、事実関係の調査内容について聞いているところで、『質問に答える場ではない』と言っている。会見自体が崩壊するが、どうでしょうか？」

「そこはまったく違うと思いますよ。どなたかに会ったかということについてはいまも答弁していますから。そのような答弁じゃないですか」

菅氏は「答弁している」とはぐらかしたが、実際には、安倍政権は国会などで「記憶にない」と繰り返していた。秘書官と学園側の事前面会を認めたのは九カ月後。愛媛県職員が作成した文書の存在で隠しきれなくなり、国会審議が空転した翌年五月になってからだった。

「鉄壁」という虚像

ところが、産経新聞は八月一〇日、デジタル版でこんな記事を流した。

「東京新聞記者に朝日新聞記者が〝加勢〟菅義偉官房長官に同趣旨の質問攻め　会見時間の半分を浪費」

菅氏はその後、後述する新ルールを導入し、追及する記者への質問制限や妨害をエスカレートさせた。それにもかかわらず、一部メディアが「鉄壁のガースー」「令和おじさん」「パンケーキおじさん」などと持ち上げるなかで、菅氏は首相への階段を駆け上がっていった。

二〇二〇年九月二日。菅氏が自民党総裁選への立候補表明をした記者会見でのことだ。

「不都合な質問が続くと質問妨害、制限が続いた。総裁となった後、厳しい質問にもきちんと答えていくつもりはありますか」

菅氏の記者会見で官邸側から執拗な質問妨害を受けてきた東京新聞の望月記者が尋ねたとき、菅氏は薄ら笑いを浮かべながらこう返答した。

「限られた時間のなかで、ルールに基づいて記者会見は行なっております。早く結論を質問すれば、それだけ時間が多くなるわけであります」

質問妨害への反省もなく、首相になっても姿勢を改めないことを宣言するような回答だった。さらに一部の記者から同調する笑い声があがった。こうしたことの帰結が、国民への説明に背を向け、コロナ禍で行きづまる宰相の誕生だった。

政治記者としての訓練だった「参院のドン」

政治記者として駆け出しの頃は、首相のぶら下がり取材が平日はほぼ毎日あり、そこでの丁々発止が日常だった。官房長官の記者会見にも五〇〇回以上出席した。発信力が強い厚生労働相時代の舛添要一氏や大阪市長だった橋下徹氏なども担当し、劇場化する記者会見の怖さを感じた。「記者会見は、現代の政治とメディアの主戦場」と肝に銘じてきた。

その筆者が一〇年以上、「懇談」という伝統的な政治部の取材手法で接してきた政治家がいる。「参院のドン」と呼ばれた故・青木幹雄元自民党参院会長だ。

番記者になったのは二〇〇九年。東京・平河町の砂防会館にある事務所で、愛飲するたばこの「チェリー」をくゆらせる青木氏と向き合った。やりとりはすべてオフレコ。「ここで話したことは表に出さないでくださいね」が決まり文句だった。

「城代家老」として支えた竹下登元首相の政治的資産を引き継ぎ、政界の実力者へと駆け上がった青木氏の事務所には、与野党の政治家、官僚、業界団体、メディア関係者が次々訪れ、情報の交差点になっていた。小渕恵三首相が緊急入院した二〇〇〇年、密室で早大雄弁会の後輩である森喜朗氏への移譲を主導した真相はかたくなに語らなかったが、青木氏との懇談は、政治記者としての体幹を鍛える場にもなっていた。

朝日新聞で退職前の最後に書いた記事は、青木氏への惜別だった。振り返れば、自分の人生の岐路とも重なる関係だ。

青木氏の地元・島根県で続く中海・宍道湖(しんじこ)の干拓・淡水化事業を研究する大学生だった二〇〇〇年。衆院島根二区で、干拓推進派の竹下元首相に対し、「環境産業」への転換を訴えた弁護士の錦織淳氏の選挙を手伝うことになった。

「竹下王国」と呼ばれてきた地域で、四年前に惜敗した錦織氏が支持を開拓し、事前の情勢調査では拮抗していた。しかし、選挙直前に竹下氏は引退表明し、弟の亘氏へバトンタッチ。その後、元首相が急逝し、初七日と投票日が重なるという「弔い合戦」を指揮したのが、当時官房長官の青木氏だった。完膚なきまでに打ち砕かれた錦織氏は出雲から撤退し、政治家志望だった筆者も進路を見直した。

そんな因縁のある青木氏の番記者となったので、青木氏の去就が注目されていた二〇一〇年参院選に向けて、竹下、青木両氏を育んだ出雲の政治風土に迫る企画「探訪保守」を執筆することになった。出雲で暮らす人々の息吹を感じながら、政治家だけでなく、出雲大社や「日本一の山林王」と呼ばれた田部家への取材を積み上げた。

青木氏は一月八日、年明け初めて出雲入りする。新年会に顔を出すが、出馬表明はせず、一八日の県連で青木氏の公認申請を一方的に決め、青木氏が受け入れるという筋書きである。身内へ受け継がせる環境が整うまで、漁協組合長から一代でつかみ取った政治家という「家業」を簡単に手放すわけにはいかないのだ。

自らは去就や世襲を口にしない青木氏をこのように論評した大型原稿を載せた朝のことだ。厳しいことを書いた日ほど、逃げずに会ったほうがいいので、この日、出雲入りする青木氏を羽田空港の入口で待っていた。

「どうぞ、どうぞ。お茶でも飲んでいきなさい」

筆者の姿を見つけた青木氏はラウンジに招き入れた。

しばらく記事には触れず、歓談をしていると、後から入ってきた竹下亘氏に「この人は出雲のことを取材していてね」と紹介し、こう付け加えた。

「きょうも何か書いとったわね」

すべて読んだうえで受け入れていたのである。

ラウンジにあった朝刊を開いた竹下氏の表情が凍りつくなか、青木氏は何事もないように楽しそうに話を続け、飛行機に乗り込んでいった。

この四カ月後、青木氏は「軽い脳梗塞」で入院。後を継いだ長男が参院選で大勝した後、再び砂防会館の「青木・竹下事務所」に顔を出すようになる。国会に議席を持たないにもかかわらず、「参院のドン」として隠然たる力を持ちつづけた。

自民党総裁選で安倍晋三、石破茂両氏の対決が迫っていた二〇一八年八月のことだ。

総裁選に先立ち、竹下登氏が創設した派閥の会長を額賀(ぬかが)福志郎氏から竹下亘氏にすげかえた青木氏の事務所前には報道陣が詰めかけていた。

「私は何も話していませんから」

そう煙に巻いて通り過ぎたが、奥からひっそりと二階に上がった私を見つけると、手招きして「まあ、お茶でも」と座談を始めた。

「にぎやかになってきたわね。参院は石破でまとめる。ここは大丈夫だ。そして衆院も『どうしても安倍君との関係でできない』という人は安倍君をやればいい。でも、竹下はもうはっきりしていますよ。私と同じ考えですから」

「石破をやると?」

アイスコーヒーを手にした青木氏はうなずいた。

「この勝負は勝とうが負けようがいいんですよ。やっぱり安倍独走というんじゃなくて、しっかりと議論を戦わせないと、来年の参院選で大敗する。安倍君にもいいところもあるが、やっぱりいろいろな政権運営の問題が出てきていることも確かで、自民党のなかにいろいろな意見があることを示すことは大事だ」

この懇談取材をもとにした記事は、総裁選報道が続く翌日の朝刊の政治面トップ記事を飾った。

「竹下派関係者は『青木氏と竹下氏の考えは一致している』と語り、竹下氏が石破氏を支持する見通しを示した」

読者からすると、「関係者」というあいまいなクレジットの不思議な記事だと思う。ただ、政治部の上司や永田町周辺の人には褒められた。

パンケーキ懇談

情報公開や公文書管理が不十分なこの国において、個々の記者はオフレコ取材で相手に肉薄し、真剣勝負を挑んでいる。

ただ、懇談を主体にした現在の政治取材が、権力者側につけ入る隙を与えているのは間違いない。

首相主催の「桜を見る会」をめぐり、安倍晋三首相になってから参加者が急増し、税金を使った供応の疑いが国会で問題になった二〇一九年一一月。首相側が呼びかけたのは、官邸記者クラブに常駐する新聞・通信社・テレビのキャップとの懇談だった。

国会周辺の中華料理店で開かれた懇談の会費は六〇〇〇円。割り勘だったが、首相動静がネットで配信された直後から「メディアが腐った権力を支えている」と批判が起こった。「桜を見る会」の疑惑について問いただす記者会見が一度も開かれていなかったにもかかわらず、疑惑の渦中の権力者と記者が「オフレコ」の懇談を始めたからだ。

疑惑を報じるメディアの信頼を削り、無力化する。「共犯者」に仕立てることが、政権側にとって都合がよかったのだろう。

安倍政権・菅政権では、懇談を使った「罠」が相次いだ。

沖縄県名護市での辺野古新基地建設をめぐり、政府が沖縄への働きかけを強めていた二〇一五年六月一二日。週刊誌『フライデー』に次のような見出しの記事が掲載された。

「スクープ撮　菅官房長官が『沖縄タイムス』『琉球新報』と〝懐柔密会〟」

国会周辺のホテルでオフレコ懇談を終えた菅氏をお辞儀で見送る沖縄二紙の記者の写真が使われていた。「基地建設に反対している沖縄二紙も、官房長官に頭が上がらない仲間うちなのか」と不信感をかき立てるものだ。政権側が事前に撮影者に情報を流したのだろう。

菅氏は二〇二〇年九月、首相に就任すると、すぐに官邸クラブの五〇人以上の首相番の記者を対象にした懇談を打診した。

場所は、東京・原宿のパンケーキの人気店。

菅氏が自民党総裁選でアピールした「パンケーキ好き」というイメージを広げ、何より「権力者とメディアの甘い関係」を想起させる場所だった。

「こんな、癒着と映るようなところでまずいな……」

官邸クラブ員は困惑した。「一対一」のような少人数であれば深い情報を聞き出すことができるが、そうした望みも薄い場だ。とはいえ、懇談取材を全否定すると、政治取材が成り立たない現状がある。次回からは参加に応じたメディアにだけ、懇談を呼びかける可能性もある。踏み絵だった。

「パンケーキ懇談」の話は開催前からフリーランスの記者などに広まり、当日、カメラで撮影されることは必至だった。しかも、菅氏が日本学術会議の会員の任命拒否をするという問題も起き、官邸クラブに所属するメディア側の立場は悪くなる一方だった。

筆者は『政治部不信』という本を出版して、新聞労連から政治部の職場に復帰した直後だった。世の中の視線はよくわかる。ただ、いきなりラディカルな提案をしても物事が進まないように見えたので、あえて「今回は参加でいい」としたうえで、政治部幹部に提案をした。

「出席した記者が首相に『ちゃんと記者会見をやるべきだ』と要求する。少なくとも懇談の冒頭で任命拒否問題についてオンレコで首相に説明させることが必要。出席する記者を私にするというのも一案だ。店の外でカメラを回されるなか、将来のある若手の首相番記者がさらされるのはかわいそうだ」

その後、政治部幹部が知恵を絞った。首相番の記者が繰り返し任命拒否問題についての説明を菅氏に求め、それに応じなかったことを理由に、パンケーキ懇談を欠席することが決まった。

一〇月三日、朝日新聞、東京新聞、京都新聞の三社が欠席した。しかし、菅氏はたたみかけるように一〇月一三日にも、今度は各社の官邸クラブキャップをホテルの宴会場に集めた懇談を開いた。パンケーキ懇談の後に任命拒否問題に関する質疑の場があったことをふまえ、今度は朝日も参加した。

〝台本〟営発表

菅義偉氏は二〇一七年夏に官房長官記者会見で連日、追及を受けていたときも、懇談に代表される「オフレコ取材」を使って、記者側を揺さぶってきたことがある。

議員会館や議員宿舎での官房長官番のオフレコ取材を受け付けないようにしたのだ。

同じ頃、東京新聞の望月記者のもとに寄せられた官邸幹部の発言メモには、次のように書かれていた。

「望月と南は菅さんが（官房長官を）辞めるまで（追及を）続けるつもりだ。おまえら、十年目の政治記者は何をやっているんだ」

官邸幹部が官邸クラブの数社の記者を集めた懇談の場でのやりとりだという。懇談などのオフレコ取材を人質にとって、追及する記者を封じ込めるよう促すものだった。

官邸と官邸クラブは八月下旬、質問時間を制限する新たなルールの導入で合意する。

これまで官房長官の記者会見は、官邸クラブの幹事社が質問を求める人がいないことを「よろしいですか」と確認してから終了する形で、原則として時間無制限で行なわれてきた。それを、「この後、公務がある」と司会役の官邸報道室長が宣言すれば、会見を打ち切れるようにしたのだ。

筆者が新聞労連委員長になり、政治部の現場を離れてからは、望月記者の質問中に官邸報道室長が七～八秒おきに「簡潔にお願いします」と妨害するような嫌がらせまで始まった。

二〇一八年一二月末には、辺野古新基地建設をめぐる望月記者の事実に沿った質問を「事実に反する」とおとしめる官邸報道室長名の文書をつくり、「このような問題意識の共有をお願い申し上げる」と添えて官邸記者クラブに張り出した。見せしめだ。記者の質問内容にまで政府見解を押しつけていく異様なものだった。

形骸化した官邸記者会見の実態が赤裸々になったのは、二〇二〇年二月二九日。

二日前に「全国一斉臨時休校」を突如打ち出し、新型コロナの感染拡大後、初めて行なわれた安倍晋三首相の記者会見だった。

「まだ質問があります！」

フリージャーナリストの江川紹子氏が声をあげたが、周囲の官邸クラブ員は沈黙。安倍首相は応じることなく、私邸に帰宅したことに批判があがった。

二日後の参院予算委員会。「江川紹子さんが『まだ質問があります』と挙手をしました。なぜ答えなかったんですか」と野党議員から問われた安倍首相は、官邸クラブの存在に触れて答弁した。

「これは、あらかじめ記者クラブと広報室側である程度の打合せをしているというふうに聞いているところでございますが、時間の関係で打ち切らせていただいた」

さらには、「いつも総理会見においてはある程度のやり取りについてあらかじめ質問をいただいている」と記者クラブ側から事前通告を受けている実態まで暴露し、「〝台本〟営発表」などと批判が高まった。

新聞労連などでつくる日本マスコミ文化情報労組会議（ＭＩＣ）と国会パブリックビューイングが「十分な時間を確保したオープンな首相記者会見」を求めるネット署名を呼びかけたところ、一週間で三万人を超える賛同が集まった。一三〇〇ページ以上にわたる署名簿は、官邸と報道機関の双方に対する不信・不満を強く反映する結果だった。

江川氏が声をあげたことをきっかけに、世論や地方紙記者の後押しもあり、首相記者会見の質疑の時間は延び、安倍政権になってから七年間無視されつづけたフリージャーナリストも質問を指名されるようになった。

ただ、官邸は「感染拡大防止」と言って新たな手を打ってきた。四月七日、新型コロナをめぐって緊急事態宣言を出すと、首相会見でこれまで約一三〇あった席数を二九席に絞り、官邸クラブに常駐する新聞・通信・テレビ一九社に一人ずつ割り振った残りの一〇席を、地方紙・海外メディア・フリーランスなどから抽選で選ぶという制限を設けたのだ。

「感染拡大防止」を理由にした「一社一人」の人数制限は、政府のスポークスマンとして、平日に午前・午後の二回行なわれる官房長官の記者会見にも導入された。事実上、政治部の「番記者」だけが記者会見に参加できるようにするルールにしたのだ。

「一社一人は記者会見の多様性を失うので、受け入れられない。広い会場を確保するなど、官邸にあらゆる努力をさせるべきだ」

京都新聞などが撤回を求めたが、官邸側との交渉にあたった官邸クラブの幹事社は「官邸の意思は固い」と判断。官邸側が同時に提案した官房長官会見の回数削減が見送られたことを受け、人数制限を期間限定の措置として受け入れた。

案の定、官邸側は「緊急事態宣言が継続している期間」という当初の約束を守らず、五月二五日に解除されてからも制限を続けた。

産経抄の背信

「マスコミは性悪だ」「底が浅すぎて、下心が丸見え」

産経新聞の朝刊一面に驚くべきコラムが掲載された。二〇二〇年八月八日。二日前に広島市で起きた、安倍晋三首相の記者会見での質問妨害を取り上げた「産経抄」だ。

「官邸側が高圧的に都合の悪い質問をやめさせたような印象を受けるが、実際はどうだったか」

質問中の朝日新聞記者が官邸報道室の職員に腕をつかまれた事件に疑問を投げかけ、「報道室は四問のみ受け付けると告知していた」「空港への移動時刻が迫っていた」「腕をつかんだことも否定している」と官邸側の主張を列記。過去に朝日新聞や毎日新聞の記者が安倍首相に食い下がって質疑に挑んだ例もひとくくりにし、「性悪」などと中傷したのだ。

この記者会見は、コロナ対応に関する市民の疑問が鬱積（うっせき）するなか、四九日ぶりに行なわれた首相の正式な記者会見だった。

官邸記者クラブが幹事社以外の質問にも応じるよう、首相側に求めていた。それにもかかわらず、首相側は事前に準備された四問の幹事社質問への答弁の「台本」を読み上げて、一五分あまりで記者会見を一方的に打ち切ろうとした。待ちわびていた記者から次々と声があがったのは自然な流れだった。

「なぜ五〇日近く、十分に時間を取った正式な会見を開かないんでしょうか」

「節目、節目で会見をさせていただきたいし、日々、担当大臣や官房長官からもお話をさせていただいている」

安倍首相が弁明して、立ち去ろうとしたときに起きたのが、「腕つかみ事件」だ。

「ダメだよ、もう。終わり、終わり」

自席から質問を続けていた朝日記者が官邸報道室の職員に制止され、腕をつかまれたのだ。

「(今日の会見時間は)十分な時間だとお考えでしょうか」

「(国会の)閉会中審査には出られるのでしょうか」

記者が発していた質問は、いずれも市民の疑問を反映した内容だ。それを実力行使で阻んだ対応は、報道の自由や市民の知る権利を侵害する行為だった。

菅義偉官房長官は翌七日の記者会見で、職員が記者の体に触れたかどうかを繰り返し問われると直接は否定せず、「腕をつかむことはしていないと(報道室から)報告を受けている」という間接的な言い回しで逃げ切ろうとした。腕をつかまれたのか否か、という水掛け論にして、うやむやにしようとしたのである。しかし、質問中に近寄り、「ダメだよ」と制止するだけでも十分な妨害行為であり、そこが本質である。新聞労連も七日に官邸への抗議声明を出した。産経抄はそこに水を差してきたのである。

市民の疑問に答えない首相を守る「共犯者」があらわになった。

あたかも産経抄に守られるように、八月九日に行なわれた長崎市での首相記者会見では、官邸側は事前に準備された幹事社質問の二問に答えただけで打ち切った。

戦後七五年。不戦を誓う追悼の日の記者会見は、まるで戦前の「大本営発表」のようになってしまった。

地方紙連合の要請を阻んだもの

菅政権になった二〇二一年五月二一日。京都新聞の呼びかけで、琉球新報、沖縄タイムス、信濃毎日新聞、熊本日日新聞などの地方紙一八社が、官邸記者クラブの幹事社に、ある文書を突きつけた。

「規制されてすでに一年以上が経過しました。地方紙の記者クラブ加盟社からは、この現状に疑問の声があがっています。また、司会進行を官邸の職員が行っていることについても、違和感が拭えないとの指摘があります。クラブ加盟の地方紙有志で以下の通り要望と提案を提出いたします」

「早急な対応」を求めた要望はシンプルだ。「会見への参加条件と会見の形態について、早急に現行の規制を撤廃するよう総理官邸に文書で申し入れて下さい」という一項目である。

これを受けて、五月二六日、官邸クラブに常駐する一九社が協議した。

「今の会見のあり方に疑問を持っている社が多い。官邸側に個別に見直しを要請している社があることは知っているが、一度も記者クラブの総意としての対応になっていない。早く元に戻してほしい」

有志一八社の要請をとりまとめた京都新聞の日比野敏陽(としあき)・東京支社編集部長はこう訴えた。

これまで制限撤廃を個別に官邸側に申し入れてきた朝日新聞の官邸キャップが「全面的に賛成だ」と応じ、北海道新聞なども「賛成」と続いたが、複数のテレビ局が相次いで異論を唱えた。

「コロナ禍での対策であることを考えると納得できる理由が必要」

「密になるのは避けたい」

「趣旨は一定程度理解するが……」

質問にまともに答えない場合の再質問に応じるよう求めることも話し合われたが、人数制限の撤廃に反対したテレビ局が再び官邸側の肩を持つ。「首相が質問に答えていないということは確かにあるが『一社一問』と言われているのにフリーの方が四問、質問する場面もあった。まずは質問をシンプルにすることを前提に再質問の申し入れをするべきだ」と主張した。

最終的には地方紙一八社の提案に賛成する社のほうが多かったため、官邸クラブの幹事社は五月二七日、人数制限の見直しを要請する文書を官邸側に提出。官邸側が受け入れていない首相への再質問をできるようにすることを求める意見も口頭で伝え、回答を求めた。

官邸側は翌二八日、報道室長名で六行の回答書を出した。

「今後も引き続き、官邸における感染防止対策の徹底を図っていくこととしており、記者会見室の人数制限等の運用にご協力をお願いいたします」

官邸クラブが一枚岩でないことを見透かすような拒否だった。「一社一人」の人数制限は岸田政権でも続く。一部が解除されたのはコロナの感染症法上の位置づけが季節性インフルエンザと同じ「五類」に引き下げられた二〇二三年五月だった。

同志からの最後通牒

ジャーナリズムを支える仲間の言葉は厳しかった。

「自分たちの特権を手放さないことを国民の側が知っているから、十把一絡げの『記者クラブ廃止論』がいつまで経っても消えない。読者や視聴者の信頼を失ったら、メディアの未来はないじゃないですか。正しいことをしていれば、国民も味方をするし、権力側にしっかり情報公開を要求できる」

「二〇〇二年の日本新聞協会の記者クラブに関する見解もいいことが書いてある。しかし、実現されていない。もう徳俵のところまで来ているので、ぜひとも具体的な行動をしてほしい」

二〇二〇年六月五日、「メディアは何のためにあるのか？　いま『記者会見』のあり方を問う」と題した新聞労連のオンラインシンポジウム。フリーランスライターの畠山理仁氏は、記者クラブメディアの具体的な行動を求めていた。

畠山氏が挙げた記者クラブに関する日本新聞協会編集委員会の見解（二〇〇二年策定・二〇〇六年一部改定）には次のように書かれている。

> 記者クラブは日常の取材活動の中で適切な会見設営に努力し、行政責任者などに疑問点、問題点を直接ただす機会の場をもっと積極的に活用して国民の知る権利に応えていくべきである。その際、当局側出席者、時期、場所、時間、回数など会見の運営に主導

的にかかわり、情報公開を働きかける記者クラブの存在理由を具体的な形で内外に示す必要がある。記者会見はクラブ構成員以外も参加できるよう、記者クラブの実情を考慮に入れ努めていかなければならない。

日本のメディア、ジャーナリストが幅広く連帯し、市民社会の期待に応えていくうえで重要な指針だ。しかし、自分たちで掲げたものすら守ってこなかったことで、不信感が続いている。

畠山氏は、記者会見をフリーランスに開放した民主党政権時代、記者クラブによって参加を拒否された経験を持つ。記者クラブメディアの罪をよく知る一人だ。それでも、「記者同士が同じ報道をする立場として、コミュニケーションをとっていくのが重要。権力側から国民のための情報を引き出すというところでは共闘できる」と語ったうえで、記者クラブ側に次のようなボールを投げていた。

「安倍政権になって、首相記者会見でフリーランスが質問を当てられるまでに七年三カ月かかった。江川紹子さんが声をあげたことをきっかけに変化が起きたことはすごいいいことだが、会見の主催者である記者クラブの側が全然そこに関与していないことが僕は情けないと思っている。民主党政権のときの記者会見の開放も基本的に政治主導で行なわれたものだった。これは報道側がなめられているということだ」

二〇一八年一一月、米国のトランプ大統領の記者会見で、質問中のCNN記者がマイクを奪われ、記者証まで剥奪される事件が起きたとき、新聞労連は「CNN記者の早期復帰を求める」と題した声明を出した。ホワイトハウス記者協会だけでなく、トランプ政権に近い放送局のFOXまでもが抗議の声をあげている状況を自分事として感じてほしかったからだ。

しかし、日本では既存メディアがそうした連帯ができず、権力者にすり寄る「共犯者」が岩盤のように存在する。前述の地方紙連合のような有志連合をつくり、フリーランスとも連携し、市民社会の支持を背景に権力と対峙する記者の固まりをつくる必要がある。

もはや、「なかなか記者クラブで一致できない」と嘆いている場合ではないのだ。

第4章

フェイクの沼

虚像が支えた長期政権

「優しそうで、しかも、うそが苦手そう」

「正直だからうそを言えない。ちょっと口ベタなところある」

二〇一七年一〇月八日。衆院選の公示を二日後に控えた安倍晋三首相は、テレビ朝日が出資しているネットメディア「AbemaTV」の一時間番組に出演していた。政党間の公平性が重視される選挙直前に首相だけを登場させること自体が異例だ。政治的中立性を定めた放送法四条の適用対象にならないネットメディアを使ったもので、冒頭から出演者による首相への礼賛が続いた。

出演者たちが「うそが苦手そう」と持ち上げたが、この時期、安倍首相をめぐって問われていたのは、政権の私物化が指摘されていた森友・加計学園問題だった。朝日新聞の報道が起点になっていた。

そうしたなか、選挙前に、首相と交友のある文芸評論家の小川榮太郎氏が『徹底検証「森友・加計事件」――朝日新聞による戦後最大級の報道犯罪』（飛鳥新社、二〇一七年）と題する本を出版。各方面で広告を打ち出し、疑惑報道を無力化しようとした。首相も党首討論会で、朝日新聞の報道を取り上げ、「国民の皆さん、新聞をよくファクトチェックをしていただきたい」と呼びかけていた。

国会での説明で「文書がない」と繰り返していた政権のうそが発覚したのは、選挙から半年後の二〇一八年三月。朝日新聞がスクープした公文書改竄報道だった。

しかし、うその説明で乗り切った衆院選で、自民党は大勝。「私や妻が関係していたということになれば、もう間違いなく総理大臣も国会議員も辞めるということははっきりと申し上げておきたい」と語っていた安倍首相は続投した。改竄発覚後も政権幹部は責任をとらずに権力の座にとどまった。

「私は総理大臣なんですから」

事実を無視した政治が顕著になったのは、安全保障法制の議論だった。自民党政権でも長年認めてこなかった集団的自衛権の行使を憲法解釈の変更で認めたときだ。

「(自身の)説明はまったく正しいと思いますよ。私は総理大臣なんですから」

このように党首討論で正当性を強弁していた安倍首相は、二〇一四年七月一日の解釈改憲の閣議決定後の記者会見で、「邦人輸送中の米輸送艦の防護」と題した一枚の大きなパネルを用意し、母子が乗る米艦のイラストを指し示した。

「たとえば、海外で突然紛争が発生し、そこから逃げようとする日本人を同盟国であり、能力を有する米国が救助を輸送しているとき、日本近海において攻撃を受けるかもしれない。我が国自身への攻撃ではありません。しかし、それでも日本人の命を守るため、自衛隊が米国の船を守る。それをできるようにするのが今回の閣議決定です」

しかし、二〇一五年の国会で法案審議が始まると矛盾が噴出した。

中谷元防衛相は「邦人が米艦に乗っているかどうかは（集団的自衛権の行使条件の）絶対的なものではない」と説明。横畠裕介内閣法制局長官も「単に、邦人を乗せた米輸送艦が武力攻撃を受けるということで要件にあたるというふうにこれまで説明しているものではない」と述べ、「邦人を乗せた船」が法の要件には直接関係しないことが明らかになった。

そもそも、アメリカ政府は自国民以外の外国人の退避への軍による協力は一貫して否定的だ。政府も「過去の戦争時に米輸送艦によって邦人が輸送された事例があったとは承知していない」と前例がないことを認めていた。

特に問題になったのが、集団的自衛権の行使は憲法上認められないという一九七二年見解の結論部分だけを一八〇度転換したことだった。政府は当初、「これまでは限定的な集団的自衛権という観念は持ち合わせていなかった」といって正当化しようとした。

「昨年七月一日以前の国会答弁あるいは主意書における答弁書での記述等ですが、いずれも『限定的な集団的自衛権』という観念は持ち合わせていなかったわけで、全てフルスペックの集団的自衛権についてお答えしている」（二〇一五年六月一〇日、横畠内閣法制局長官）

しかし、実際には二〇〇四年に「限局して集団的自衛権の行使を認める」ような解釈変更の余地を尋ねた質問主意書に対し、小泉政権が「政府としては、行使は憲法上許されないと解してきた」とする答弁書を閣議決定していたことが発覚した。

二〇一五年七月二八日の参院特別委員会で矛盾を問われた横畠氏は「過去にも集団的自衛権を一部認めてもいいのではないかという議論があった」と答弁修正に追い込まれた。

「不備な答弁が目立った気がする。謙虚に（批判に）もう一度耳を傾けてもらいたい」

「参院は衆院の下部組織でも、官邸の下請けでもない」

参院特別委員会の委員長だった自民党の鴻池祥肇（こうのいけよしただ）氏が苦言を呈したが、「数の力」で二〇一五年九月一九日未明、採決が強行され、安保法制が成立した。

ファクトチェックに込めた思い

安倍首相が口にした「ファクトチェック」。日本の新聞・テレビで初めて導入したのは、二〇一六年一〇月の朝日新聞だった。

きっかけは、アメリカ留学から戻ってきた園田耕司記者の提案だ。ドナルド・トランプ氏が勝ち上がっていく二〇一六年の米大統領選や、ＥＵ（欧州連合）離脱を決めた英国の国民投票で、政治に関する誤った情報が投票結果に影響を与えていたことが問題になりはじめていた時期だった。

園田記者と一緒に国会取材班だった筆者も、大阪に勤務していた二〇一五年、「大阪都構想」をめぐって大阪市内で行なわれた住民投票で賛成・反対双方から誤った情報が飛び交った経験から、「事実に基づかない情報によって有権者の判断が歪められないような環境をつくることがメディアの今日的な責務ではないか」と感じていた。まずは国会での発言からファクトチェックを始めることにした。

ファクトチェックの国際原則のなかで一番目に掲げられているのが、「非党派性と公正性」だ。政権批判の道具ではない。与党も野党も問わず対象とし、意見の善し悪しの評価ではなく、言説が事実に基づいているかどうかを検証していく作業だ。

そこで、党首級が議論を戦わせる衆参両院の予算委員会や重要法案を審議する特別委員会での発言を主な対象にしたが、結果的に安倍政権の事実を無視した断定調の発信に連日のように向き合うことになった。その象徴が、森友学園への国有地売却をめぐる問題で、財務省理財局長として虚偽答弁を繰り返した佐川宣寿氏だ。
「交渉記録はない。速やかに廃棄をしていることだと思うので、記録は残っていない」（二〇一七年二月二四日）
「価格について、こちらから提示したこともないし、先方から幾らで買いたいといった希望があったこともない」（同三月一五日）
野党議員から職員への確認を求められても、「ネット上で情報が流れている時代。個別に確認することは必要ない」などと拒否した。
根拠を示さない断定調の発言に対し、国会審議の合間をぬって独自に関係者や資料にあたって、その真偽を確かめるファクトチェックの作業にも苦しんだ。一連の問題が発覚した二〇一七年二月から五月までの四カ月間で、野党議員が個別の事実関係を示して質問しても、政府が「確認しない」「記憶・記録にない」といって明示的に確認を拒んで空費された国会審議の時間を調べたら、少なくとも八時間一三分にのぼった。その多くが佐川氏によるものだった。
「佐川さんも大変なのはわかるが、これによって現場で苦しい思いや自殺者を出したりしないことがあなたの役割ですよ」
この頃、野党議員に声をかけられた佐川氏は「わかりました」と涙ぐんでいたという。

しかし、すでに公文書の改竄が進んでいた。一年後にはその作業を苦にした近畿財務局職員の赤木俊夫さんが命を絶った。事実を無視した断定調の答弁は、日本の統治機構をゆがめ、真面目な公務員から事実に即し、安心して行政の仕事に取り組める環境を奪っていった。

また、「無理が通れば道理が引っ込む」強弁で押し切ることによって、真相の解明やフェアな議論を望む野党やメディアには「また水掛け論」という無力感を植えつけようとしていた。政権のうそを起点に、民主主義を支える機能を壊されないようにしないといけない。

新聞労連の委員長になり、取材現場を離れたときも、日本で立ち上がったNPO法人「ファクトチェック・イニシアティブ（FIJ）」の活動にたずさわり、さまざまなメディアが共通の土俵で取り組むための「レーティング基準」の策定に関わった。

二〇一九年一月、新聞労連ジャーナリズム大賞に、琉球新報が沖縄県知事選で行なった「ファクトチェック報道」が選ばれた。報道内容もさることながら、FIJのプロジェクトに新聞社として初めて参加し、その実践から得られた成果を共有していく、会社の枠を越えたジャーナリストの連携に寄与した姿勢が選考委員に評価されていた。

韓国やフランスでは、メディア不信やフェイクによる選挙への攻撃を防ぐため、幅広いメディアが一緒にファクトチェックに取り組むプロジェクトが行なわれていた。日本でも同様の取り組みを進めるべきではないかと、新聞協会にも要請した。

ちょうどシンガポールで、インターネット上で広がるフェイクニュースを防止するための法整備に乗り出したことが話題になっていた。政府が「虚偽」と判断した情報の削除や訂正を求めることができる法案で、何が偽の情報かを閣僚が判断できるようになっている。民間のメディアの動きが遅れると、日本も「官製ファクトチェック」に先を越されかねないと懸念した。

そして、二〇二〇年九月に政治部に復帰した後は、FIJの創設メンバーであるジャーナリストの立岩陽一郎氏と、法政大学の上西充子教授を招いた「ファクトチェック」をテーマにしたオンラインイベント「記者サロン」を定例化。毎回数百人から一〇〇〇人近い参加者があった。菅政権の国会でのやりとりを題材にしながら、「事実を大事にしていく人の陣地を広げていこう」と呼びかけた。

官僚たちの暴走

ファクトチェック・イニシアティブが策定したファクトチェックのレーティングは、「正確」「ミスリード」「誤り」など九段階で、故意に誤ったことを語る「虚偽」が最も厳しい判定だ。

二〇二一年六月の記者サロンで、立岩氏と上西氏がそろって「虚偽」と判定した国会答弁があった。自衛隊や米軍基地、原子力発電所の周辺での土地の利用を規制する「重要土地規制法」の審議で、「規制対象になる施設や離島のリストを出してほしい」と野党議員が求めたときの答弁だ。

「国境離島の島のリスト自体、既存のものがないと承知している」

「（防衛関係施設についても）リストは今、作成の途上にありまして、完成したものはない」

内閣官房や防衛省の官僚はそう答弁していた。衆院の内閣委員会で法案を採決する日になって、政府は一転してリストの存在を認めたが、「我が国の安全保障上、開示することが適切ではない」と拒んで、そのまま成立に突き進んだ。

上西氏は「リストがあると知りながら『ない』と言っていた疑いが濃厚」と指摘した。

重要土地規制法の一連の審議では、法律の必要性や正当性を根拠づける「立法事実」も十分に明らかにならなかった。象徴的だった二〇二一年六月の参院内閣委員会でのやりとりだ。

野党議員「立法事実として政府が挙げるのは、長崎県対馬市で海上自衛隊（基地）周辺、また北海道千歳市で航空自衛隊の基地周辺がそれぞれ外国資本に取得され、市議会で議論されたというもので、全国各地で意見書が上がっているとも説明されてきた。対馬市や千歳市は自治体としては政府に何か意見を寄せているのか」

担当相「それぞれ北海道東北知事会、そして福岡県、熊本県議会が、それぞれの市議会の議論を受け取って、こちらに送ったと承知している」

野党議員「ないわけですね。対馬は長崎県ですから。この二つについて、安全保障上の懸念のある事態は生じたのか」

防衛省「防衛省が何らかの害をなしたといわれることは確認できていない」

野党議員「これまで安全保障上具体的に問題になった例はないが、今後そうなるかもしれない。そういう不安がこの立法事実だということですか」

担当相「不安、懸念、リスク。こういったものがある。しかし機能阻害行為については、お答えを安全保障上の観点から差し控えてきた」

この審議を動画で振り返った立岩氏は「『安全保障だからいいんです、そんなことは』とすっ飛ばされてしまうのは、日本って軍事国家なんですか？　つまり、軍事的な問題については国会も一切関与しないんだということを政府が高らかに謳い上げるのであれば、こういう審議のあり方はあるかもしれないが、日本はそうではない。これは法案に賛成するか、しないかではなく、この審議の仕方は危ないという意識を持ったほうがいい」と警鐘を鳴らした。

この記者サロンの一カ月後、政府が推進する「経済安全保障」の名のもとに、犯罪事実がでっち上げられていたことが明るみに出た。

警視庁公安部外事一課が、食品製造に欠かせない噴霧乾燥装置で知られる町工場が中国に輸出した装置をめぐり、武器転用可能だと決めつけて、横浜市の大川原化工機の代表取締役らを逮捕した冤罪事件だ。第一回公判直前の二〇二一年七月に検察官が公訴取消を申し立てたが、長期拘留中に幹部の一人が病死した。二〇二二年四月の経済安全保障法案の国会審議でも、事件が問われた。

「逮捕された元専務はこの間にがんが悪化して、刑事被告人のまま無念の死を遂げてしまいました。功を焦った公安警察の勇み足とも言えるこの事件は、反中ムードに乗じた経済安保の危うさを象徴しているとも言える。ことほどさように、経済安保は、企業活動や市民生活にも重大なマイナスの影響を与えかねない」(立憲民主党の杉尾秀哉氏)

「政府は、大川原化工機事件をどのように総括しているか。本法案でも、安全保障のために様々な規制を事業者や国民に課すことになるが、その内容は政省令に白紙委任されている。規制の内容が曖昧であり、誤認捜査、長期勾留による自白強要などの人権侵害や経済活動への混乱が起き得るのではないか」(共産党の田村智子氏)

岸田文雄首相は「個別事件における検察当局の判断等に関わる事柄であり、かつ国家賠償請求に関して係争中であることから、一連の経過について見解を述べることは差し控える。

犯罪の捜査は、御指摘のような問題が生じることがないよう、刑事訴訟法に定める適切な、適正な手続に従って行われるものであると承知をしている」と述べるにとどめた。

しかし、国家賠償請求訴訟の公判では、二〇一七年五月頃から二〇二一年七月まで続いた捜査の経過が明らかになる。事実を確認するよう進言した捜査員は、捜査幹部から「余計なことをするな。事件をつぶして責任を取れるのか」と言われたと証言した。大川原化工機側の弁護士から「経産省が解釈を決めていない。公安部がそれに乗じて（事件を）でっち上げたと言われても仕方ないのでは」と問われた警部補は認めた。

「まあ、捏造ですね」

安保で分断される「事実」

二〇二三年一一月六日の記者会見。松野博一官房長官が偽動画への見解を示した。

「政府の情報を偽って発信することは、場合によっては民主主義の基盤を傷つけることにもなりかねない。社会を混乱させたり、他人に迷惑をかけたり、罪になる場合もある」

スーツ姿の岸田首相が正面を向き、本人のような声で、みだらな内容を語っている動画がＳＮＳで拡散されたからだ。日本テレビのニュース番組のロゴや「ＬＩＶＥ」の表示もあり、生中継のように印象づける動画だった。生成ＡＩに学ばせたうえで、偽情報を語らせたと見られる。

二〇二二年にウクライナのゼレンスキー大統領がロシアへの降伏を呼びかける偽動画が投稿されたことで、「偽情報対策」を求める声が強まった。政府は二〇二二年一二月に改定した「国家安全保障戦略」で、「偽情報の集約・分析、対外発信の強化、政府外の機関との連携の強化のための新たな体制を政府内に整備する」と盛り込み、二〇二三年四月には内閣官房に偽情報対策のチームを設置することを表明した。これまでファクトチェックに距離を置いていた読売新聞も「偽情報対策」については精力的に報道している。

二〇二四年二月一五日、ファクトチェック・イニシアティブ（ＦＩＪ）の立ち上げを担った二人がそろって、ＳＮＳで危機感を表明した。ＥＵの外交部門を担う欧州対外行動庁が、ロシアのプーチン大統領へのインタビューの「ファクトチェック」を公開したことを紹介する朝日新聞デジタルの記事への反応だった。

「ファクトチェックが政治権力と一体化する流れが世界で起きています。正しい権力と正しくない権力というわかりやすい構図に乗ったファクトチェックは、実は危険です。ファクトチェックはあらゆる立場から離れて行なわれる必要があります」（元ＦＩＪ副理事長の立

「申し訳ないが、こんなのはファクトチェックとはとうてい言えないし、一方のプロパガンダに対する他方のプロパガンダでしかない」（元ＦＩＪ事務局長の楊井人文氏）

楊井氏は「朝日新聞は、自らファクトチェックに取り組むと読者に宣言して一年足らずに反故にし、公的機関による〝ファクトチェック〟と称した活動を、何の躊躇もなく紹介するとは……」と無念さをにじませていた。ＦＩＪにも加盟した朝日の取り組みが進まなかったからだ。

既存メディアによるファクトチェックが思うように進まぬなか、権力側に主導権を奪われたファクトチェックをめぐる状況を象徴していた。

第5章

批判を嫌う国

批判はＮＧ

新型コロナ対策の緊急事態宣言が繰り返されていた二〇二一年六月一日の朝。ＳＮＳのタイムラインを見ていて、ある野党幹部の投稿に戸惑った。

これも「批判」と報じるのですか。宣言下の東京都では休業要請に時短要請、かろうじて開ける飲食店には酒類提供禁止と言いながら、五輪は例外との優遇策への問題指摘です。

立憲民主党の蓮舫参院議員の投稿だ。東京オリンピック・パラリンピックに関する野党ヒアリングでの議論を伝える共同通信の記事のリンクが張られている。選手村に選手が酒を持ち込むことは可能だというオリパラ大会組織委員会の見解に対し、出席議員から「国民に『外食自粛を』と言っておきながら、選手を特別扱いするのは理解が得られない」という意見があがったことを報じていた。蓮舫氏の投稿は、問題の指摘を「批判」と表現されて報道されることへの違和感を述べたものだった。

政治報道の定型句には、見直すべきものがあった。

たとえば「野党は反発」。

首相が主語の場合は、「反論」と表現されることが多いこととも比較され、「理もなく感情的にかみついている印象を与える」（上西充子法政大学教授）と指摘されている。

国会報道のキャップをしていた二〇二〇年九月〜二二年三月、こうした意見をふまえ、できるだけ「反発」を違う言葉に言い換え、反対・抗議の理由も併記するよう心がけていた。野党が何に反対しているのか、なぜ抗議しているのか。「反発」という言葉に丸めてしまわず、論点に即して報道をしていくためだった。

ただ、「批判」という言葉の制限は疑問だった。他の報道機関の記事とはいえ他人事とは思えず、蓮舫氏の投稿を引用する形で、以下のように投稿した。

☆批判＝人の言動・仕事などの誤りや欠点を指摘し、正すべきであるとして論じること（大辞泉）。批判はよりよい社会をつくろうという気持ちの表れであり、権力側が恐れること。批判には力がある。批判というものを忌避する空気が広がり、結果的におかしなものの温存につながることは危惧しています。

四日後の二〇二一年六月五日の読売テレビの番組で、司会者が「ネットでバズるのは、蓮舫さんの政権批判ツイッターばかりですが、正直、（立憲民主党の）代表としては忸怩たる思いがある？」という質問を枝野幸男代表にぶつけていた。その姿を見ていて、前出の私の投稿に寄せられたある個人の投稿を思い浮かべた。

日本での「批判」はネガティヴワード。野党は批判ばかりと怒られ、有権者に誤解されている現実がどれほど多いか、記者も野党議員と少し街を歩けばわかる。その都度、立憲会派は政府提出法案の八割以上賛成している、と訂正するが、まずバイアスが解けない。だから安直に「批判」と表現しないで欲しい。

「野党『ギャーギャー』」

二〇二一年六月に発売された月刊誌の対談で、首相を退任した安倍晋三氏は東京オリパラについて、「歴史認識などで一部から反日的ではないかと批判されている人たちが、今回の開催に強く反対している」と主張した。新型コロナウイルスの感染拡大が進むなか、「健康と命」を優先するよう求める訴えに対して、「反日的」という一方的なレッテルを貼っておとしめようとしたのだ。

同じ対談のなかで、安倍氏は同年夏のオリパラ開催を批判する野党に対し、「彼らは、日本でオリンピックが成功することに不快感を持っているのではないか」とも語っていた。

言論の府である国会で「批判」という言葉を忌避させるような空気は、「この道しかない」と訴える安倍政権から続くものだ。象徴的だったのは、二〇一七年一月二〇日の施政方針演説。安倍晋三首相はこう訴えた。

「ただ批判に明け暮れたり、言論の府である国会の中でプラカードを掲げても、何も生まれません」

当時の野党第一党・民進党の代表が蓮舫氏。四日後の代表質問で、政府提出法案の八割以上に賛成していることを挙げ、「まるで我々がずっと批判に明け暮れているという言い方は訂正をしてください」と求めた。

しかし、安倍首相は「これはあくまで一般論であって、民進党の皆さんだとは一言も申し上げていないわけであります。自らに思い当たる節がなければ、これはただ聞いていただければいいんだろうと、このように思うわけでありまして、訂正云々という御指摘はまったく当たりません」と応じなかった。

安倍氏はその後も国会で次のような発言を続けた。

●「なぜ私が民進党政権時代にだめだったかということをお話ししたかといえば、ただスローガンを叫んだり相手を批判することでは何も実は生まれないんだということであります」（二〇一七年二月一七日の衆院予算委）

●「批判することは容易であります」（二〇一八年一月二四日の衆院本会議）

●「政治家が激しい言葉で互いの批判に終始したり、行政を担う公務員を萎縮させても、それが民主主義の発展に資するとは考えません」（二〇一八年一〇月三〇日の参院本会議）

一方で、安倍政権を支持していた日本維新の会に対しては、「何でも反対、ただ批判だけを繰り返すのではなく、平素より政策実現を目指して誠実に取り組まれている皆様に敬意を表します」などと礼賛した。

こうした姿勢に呼応するように、安倍首相を支持する文芸評論家などが政権批判する野党やメディアへの攻撃を展開した。

「（森友・加計学園問題は）事実不在、国民不在、政治不在、国家不在のまま、一部マスコミと国会が結託すれば、どこまで日本の政治が壊せるかといふ内乱の予行演習に他なりませんでした」（小川榮太郎氏、『正論』二〇一七年八月号）

政権批判の言論と暴力を同一視する雑な議論だ。

自民党と取引のある企業との関係が取り沙汰されている匿名ツイッターアカウント

「Dappi」の投稿でよく使われたフレーズは「野党『ギャーギャー』」。「近財職員は（野党議員が）一時間つるしあげた翌日に自殺」などと事実に反する投稿までして、野党の批判や追及に負の印象を与えてきた。

「政権批判」に対して、乱暴な言葉が溢れかえっていた。権力者の誤りをただす側が疲弊し、腐った権力が温存されていった。

名刺も受け取らない

二〇二一年七月一日、アメリカの国務省で、人身売買と闘う「ヒーロー」への表彰式が行なわれた。八人選ばれたうちの一人が、日本で外国人労働者の権利保護に取り組む指宿（いぶすき）昭一弁護士だった。

米国務省がまとめたこの年の人身売買に関する年次報告書では、技能実習制度の悪用などを挙げ、「日本政府は人身売買撲滅の最低基準を完全には満たしていない」と指摘している。指宿氏の取り組みについて、「日本の技能実習制度における強制労働の被害者を支援し、虐待を防止してきた」と評価していた。

指宿氏は表彰式に寄せたメッセージ動画でこう訴えた。

「日本の技能実習制度は人身取引と中間搾取の温床になっています。私たちはこの制度を数年以内に廃止に追い込む考えです。そして外国人労働者が団結して、権利を主張できる状況をつくりだします。人身取引と闘う全世界の仲間と共に闘います」

同じ頃、日本政府の指宿氏への対応はぞんざいだった。

指宿氏は二〇二一年の通常国会に政府が提出した出入国管理法（入管法）改正案や現在の入管行政の問題点を指摘しつづけており、二〇二一年三月にスリランカ人女性のウィシュマ・サンダマリさん（当時三三歳）が名古屋の入管施設で死亡した問題でも遺族の代理人を務めている。

二〇二一年五月一七日、ウィシュマさんの遺族が名古屋入管の施設を訪れたときには、法務省・入管側は指宿氏ら同行した弁護士の視察を拒否。翌一八日夜にウィシュマさんの遺族と上川陽子法相が面会した際も、なかなか同席を認めようとしなかった。最終的に立ち会うことができた指宿氏は、面会を次のように振り返った。

「私は大臣に名刺を渡そうとしたが、名刺交換に応じないし、私の問いかけに返事もない」

抗議を繰り返す日本政府

司法のチェックや収容期限もなしに、在留資格のない外国人を全員収容する日本の入管政策に対しては、国連の人権機関から繰り返し厳しい勧告がなされてきた。

入管法改正案に対しても、国連人権理事会の三人の特別報告者と恣意的拘禁作業部会が二〇二一年三月末、連名で「国際的な人権基準を満たしていない」と改正案の再検討を求める書簡を日本政府に提出。国連難民高等弁務官事務所も同様の「懸念」を表明していた。

ところが、これに対して日本政府がとった行動は、抗議だった。

国連人権高等弁務官事務所に対して四月六日に行なった申し入れでは、「(法案は)外国人の人権に十分に配慮した適正なものだ」と反論。「我が国から事前の説明を受けずに、本書簡において一方的に見解を公表したことについては、我が国として抗議せざるを得ません」と主張した。

近年、国連の特別報告者に対し、日本政府が抗議したり軽視したりするなどの強硬姿勢が目立つ。

たとえば、安倍政権だった二〇一七年五月。「共謀罪」の趣旨を盛り込んだ改正組織犯罪処罰法（いわゆる共謀罪法）が国会で審議されているときに、国連特別報告者のジョセフ・カナタチ氏が「法案はプライバシーや表現の自由を制約するおそれがある」と懸念を表明する書簡を安倍晋三首相宛てに送った。

日本政府は即座に国連へ抗議。菅義偉官房長官が記者会見で、「政府が直接説明する機会はなく、公開書簡の形で一方的に発出された。内容は明らかに不適切」と批判し、「特別報告者は国連の立場を反映するものではない」とまで主張した。

そして、政府・与党は法案審議でカナタチ氏の指摘を顧みることなく、六月一五日に国会審議を省略する「中間報告」という異例の手段を使って採決を強行。共謀罪法を成立させた。「法律上も運用上も国民への監視が強化されることはあり得ず、救済策は不要」そのようにカナタチ氏に回答したのは、法施行後の同年八月になってからだった。

王冠にのせる宝石

「日本は長い期間、国連人権理事会の理事国を務めており、特別報告者の制度をつくってきた重要な担い手の一つです。それにもかかわらず、日本への勧告が出るたびに、『勧告は誤解に基づいている』『事実誤認だ』『不適切な内容だ』『一方的な声明だ』と拒絶し、否定しています。このような態度は世界中からどのように受けとめられるでしょうか」

日本政府の対応をこのように懸念するのは、イギリスのエセックス大学人権センターフェローの藤田早苗氏だ。

特別報告者の権限は国連憲章に根拠があり、その手続きは人権理事会で定めた「行動綱領」に基づいて行なわれている。藤田氏は「特別報告者の勧告は、日本政府も実施義務を負う人権条約などの国際人権基準に基づくもので、個人的な意見ではありません」と指摘する。

「二〇〇六年に当時のアナン国連事務総長が特別報告者を『国連人権機関の王冠にのせる宝石』と評しましたが、それくらい重要な役割を担っているのです」

日本国外では、実際、国連特別報告者の勧告を受けて、法整備などの政府方針を改めるケースもある。

藤田氏によると、二〇二〇年、フランスの治安対策法案に対し、五人の特別報告者が懸念を示す書簡を提出。フランス政府は法案の一部を改訂した。二〇一五年にはイギリスの監視法案を特別報告者が厳しく批判し、イギリス政府が法案の一部を修正した。また、ブラジルでも二〇二〇年、問題が指摘されていた「フェイクニュース対策法案」の審議に際し、表現の自由に関する特別報告者を国会に招待し、意見を求めたという。

「これらはほんの一例で、特別報告者は法案や制度をより良くするために喜んで助言してくれます。日本も特別報告者と『建設的対話』をすべきで、入管法見直しにあたっても、特別報告者を起草や審議に招くなど、積極的に活用すべきです」

藤田氏が危惧するのは、批判に背を向ける日本の姿勢が「悪い意味で目立っている」と感じているからだ。

「二〇一四年にジュネーブで行なわれた国連自由権規約委員会の審査でも、日本政府はきちんとした回答をせず、委員から『これでは時間の無駄』『翌日出直してくるように』と言われ、議長からは『日本は何度同じ勧告を出されても従おうとしない。日本政府は国際社会に対して反抗しているようにみえる』とまで指摘されました。こうした態度を続けていると、日本の国際的な評価を下げ、信頼も失ってしまいます」

藤田氏は「クリティカル・フレンド」をキーワードとして挙げた。

「日本語では『批判もする友だち』と訳されますが、大事な友だちが、何か危険なことをして傷つきそうなときに、警告をする友だちのことです。特別報告者はそうしたクリティカル・フレンドとして、多くの国に勧告を与えてきました。忠告してくれる友だちに対して、『私は悪くない。おまえがおかしいのだ』という人がいたらどう思うでしょうか？　忠告に対して『ありがとう』と受け入れ、建設的な対話を行ない、改善するのが成熟した態度ではないでしょうか」

第6章

市民社会の幹を太くする

「鼻をつまんで投票したくない」

「選挙で勝てればなんでもいい？　政権交代ができればなんでもいい？　そういうくだらない権力闘争みたいな政治をやめ、私たちの生活から考える政治をつくるために、やってきたんじゃないですか。選挙が近くなると大事なことを忘れちゃう政党なんて、誰が信用できますか。『統一候補だから文句も言わず名前を書け』と言われ、誰が書きますか？　忙しい生活のなかで、あなたがたが思うよりもずっと、地べたを生きる市民たちはあなたたちをよく見ているし、考えているんですよ」

民主主義のあり方を問いかける訴えだった。

二〇二一年一〇月一〇日、東京・杉並区のJR阿佐ヶ谷駅前。「#吉田はるみだと思ってた」と書かれたプラカードを持った一〇〇人ほどの市民が集まった。衆院東京八区で、突然、れいわ新選組の山本太郎代表が「野党統一候補」に決まろうとしていることへの抗議だった。

東京八区は、元自民党幹事長の石原伸晃氏が八回連続当選をしてきたが、立憲民主党、共産党、れいわの三人が立候補をめざしていた。そこに三人のなかにはいなかった山本氏が一〇月八日、「立憲側とは話を進めている」「鼻をつまんで一緒にやってもらえたらありがたい」と言って、事実上の野党統一候補としての立候補を宣言したのだった。

この日の朝から「山本氏が野党統一候補になる見通し。野党共闘の象徴として注目が集まりそうだ」と報じる新聞社もあった。当時、国会・野党担当取材班のキャップだった筆者のもとには「同じように報道したほうがいいのではないか」と編集局長室からの問い合わせがあったが、「結論が変わりうる話なので、あまりトップダウンで決めつけた報道をしないほうがいいと思う」と断った。

事前の取材で、野党共闘を呼びかける「市民連合」の地域組織の動きに注目していたからだ。立憲、共産、れいわの三候補予定者が参加するイベントを重ね、粘り強く一本化に向けた話し合いの場を持ち、立憲新顔で六年間活動を続けてきた吉田晴美氏に一本化することをめざしていた。

杉並は、原水爆禁止署名運動の発祥地としても知られ、市民運動が盛んな地域だ。

一〇日の集会の呼びかけ人になった三〇代女性は、市民不在で物事を決める政党幹部への不信を口にした。

「知名度がないところから、杉並の端から端まで駆けまわって、街頭に立って、いろんな人から話を聞いて、杉並の分厚い市民運動の歴史の上に立つ人から怒られたりしながら学んで、コロナ禍で相談や支援も最初からやりつづけていて、ちゃんと人として人間を見て、政治を志しているのが、吉田晴美さんなんですよ。そんな候補者を大事にしない政党なんてありえない。『#吉田はるみだと思ってた』という一言にはいろんな思いが込められています。私は杉並に暮らす人間として、女として、こんなやり方は許せないと思って来ました。市民が望む政治のやり方、民主主義って何だということを考えていきたいと思います」

この呼びかけに呼応するように、一五人の市民が次々とマイクを握った。

「鼻をつまんで投票したくない」

「地元の市民を無視した密室談合だ」

「一本化しようと丁寧に、丁寧にやってきて今日がある。民主主義は地域から、私たち一人ひとりの願いのなかから育てていくもの。それを乱暴に壊すことは絶対にNOだというしかない」

「ボトムアップで積み上げてほぼ決まりかけていたのに、後出しじゃんけんで納得できない」

特に、野党第一党として候補者調整を進めた立憲都連幹部への風当たりが厳しかった。

「市民の声に耳を傾けず、こうやって女性候補を降ろすのであれば、ボトムアップやパリテ（男女同数）を掲げてきた立憲のあり方を考え直さないといけないのではないか」

「一部の偉いおじさんたちで勝手に決める政治は終わりにしないといけない。地べたを生きる私たち市民と、その声を持って議会へ行く代議士とが一緒に政治をつくるという、そういう政治を私たちは望んでいるので、これからちゃんと考え直してください」

予定の一時間が過ぎても抗議の声は収まらない。異例の状況を連日、記事や自身のコラムで伝えた。

結局、市民のうねりを感じた山本氏が東京八区からの立候補を見送り、吉田氏に候補者が一本化された。その勢いに乗って、吉田氏は石原氏を破り初当選。二〇二二年六月の杉並区長選での岸本聡子区長の誕生や、二〇二三年四月の区議選での「女性過半数」議会の実現へとつながっていった。

山本氏が立候補宣言したとき、トップダウンの報道で、市民の動きに目を背けていたら、どうなっただろうかと思う。

政治を変える実験

「また選挙の前になったらバラバラになるかもしれない。全然、信じていないです、すいません。野党が協力して、次の選挙に勝ってください」

安倍政権が集団的自衛権の行使を解禁する安全保障法制を強行した二〇一五年九月一九日

朝。廃案を求めてきた学生団体「ＳＥＡＬＤｓ」のメンバーが辛口のエールを送った。

二〇二一年一〇月に行なわれた四年ぶりの衆院選は、小選挙区の野党候補一本化が進み、『自公』対『野党共闘』の政権選択選挙」とも報じられた。「一強多弱の国会を変えてほしい」という安保国会前の市民の訴えが原点である「野党共闘」の一つの到達点だった。

同年四月の衆参両院の補欠選挙・再選挙では、野党共闘の候補が三戦全勝。八月には当時の菅義偉首相のお膝元である横浜市長選でも野党候補が勝利していた。

投開票日の一〇月三一日。候補者一本化の効果で接戦になり、夕方から国会周辺を駆けめぐった出口調査の結果は、朝日新聞は「自民大勝、立憲議席減」、ＮＨＫなどの調査は「自民過半数ギリギリ、立憲議席増」と割れていた。候補者一本化は局所的に効果を発揮し、新顔が自民の現職幹事長らに小選挙区で勝ったが、全体としては立憲が競り負け、党創設者の枝野幸男氏が一一月二日、代表辞任を表明した。

その前夜、二〇一七年一〇月の立憲結党時から支えてきた党幹部がつぶやいた。

「安保法制反対の国会前デモから始まった一連の政治を変える実験が、いったん幕を閉じる感じだ」

政治を変える実験。この言葉の意味を読み解くカギは、二〇一五年に出版された本のなかにある。

「リベラル側は反原発でもそうですが、分断されている部分があるし、党派性にコミットするのを避ける傾向がある。各種団体はそれぞれいろいろな人たちが集まっているので、なかなか糾合できない。でも、そこに今回は一つの風穴が開いた。安倍政権の政権運営とか、安倍政権の目指す日本国の将来に対して、このままでいいのかという懸念がどんどん可視化されて、逆に市民が一歩前に出て、さらに若い人たちが一歩踏み越えてくれたんです」

「その姿を見ていて、僕が政治の側に言ってきたのは、政党の枠組みのほうがよっぽど古いんじゃないの、ということなんです。人々の反安倍政権の動きの受け皿になるメッセージ力が、政党側にない。政治家もそういう新しい動きと正面から向き合う、対峙する能力も勇気も実はあんまりない。あの人たちはこうだと逆にレッテル貼りをして避けるような傾向が永田町、政治の側には強いんです。そこに政治側の一つのブレークスルーが必要なんじゃないかなという気がずっとしていました」

安倍政権の安保法制強行に対抗したメンバーの対談をまとめた『二〇一五年安保　国会の内と外で――民主主義をやり直す』（岩波書店、二〇一五年）。語っているのは、当時民主党参院議員だった福山哲郎氏。のちの立憲幹事長だ。過去のいきさつなどを引きずってまとまれなかった野党勢力の突破口を、国会前デモに見いだしていた。

失速した野党側の戦略

それが花開いたのが二〇一七年の衆院選で、小池百合子東京都知事が結成した「希望の党」への合流をめぐって民進党が分裂した際に、枝野氏や福山氏が立ち上げた立憲民主党だ。小池氏が迫った「安保法制賛成」への同意という踏み絵を拒み、選択肢をつくった。

「政治の世界。残念ながらわかりにくいごたごたがありました。皆さんにも心配をおかけしました。でも、今回、立憲民主党という新しい党を立ち上げました。私の背中を押したのは、『このままじゃ困る』『政治なんとかしろ』という声を全国からあげていただいた皆さんなんです。政治家の都合でできた政党ではありません。国民の皆さんが背中を押して、政治を動かしてつくった日本で初めての政党が立憲民主党です。ぜひ、皆さんの力で、上から押さえつけられるのではない、草の根から声をあげていく、みんなでつくる本当の民主主義をつくりましょう」

枝野氏は各地の街頭演説で「立憲民主党はあなたです」と訴えた。ＳＮＳを駆使して超党派に呼びかけ、フェスを意識した活動スタイルは、国会前から始まった街頭民主主義を意識したものだ。希望の党を上回る約一一〇〇万票の比例票を獲得し、野党第一党に躍り出た。

ただ、小選挙区制のもと、自民党政権に代わる選択肢を示さないといけない野党第一党の重圧に押しつぶされていく。

「永田町の合従連衡には加わりません」といい、NPOなどの市民運動との連携を重視し、「ボトムアップ」を体現する「つながる本部」を党活動の中心に据えようとしたが、面として広げていくには体制が弱かった。二〇一九年参院選での伸び悩みもあり、希望の党の流れをくむ国民民主党との合流に舵を切り、「普通の政党」になっていった。

個人情報保護のルールを変える「デジタル改革関連法案」を菅政権が提出した頃、慎重審議を求めた日本弁護士連合会のメンバーは枝野氏からこう返されたという。

「(ツイッターデモで反対が広がった)検察庁法改正のような、世論をつくってください」

安倍・菅政権の政治に危機感を持ち、野党に期待する人たちの間でも、「立憲は他力本願だ」と口にされるようになった。

この頃、枝野氏は「日本のバイデンをめざす」と周囲に語っていた。

二〇二〇年の米大統領選でバイデン氏が現職大統領のトランプ氏を破ったのは、「バイデン人気」ではなく「トランプ不信任」という見立てからだ。与党の敵失を待ちつづけ、「批判の受け皿」となって議席数を伸ばすという戦略を描いていた。永田町のなかで、よりましな選択肢を選ぶという小選挙区制のルールを意識したものだ。

この戦略は、新型コロナ対策で支持を失った菅政権では通用したが、自民が衆院の任期満了前に岸田文雄首相に「選挙の顔」を変えると、もろくも崩れ去った。

人が選べない

枝野氏と同じ新党さきがけ出身で、細川、村山内閣でそれぞれ首相補佐官を務めた田中秀征氏と錦織淳氏は最初の小選挙区選挙の後に出した対談本『この日本はどうなる』（近代文藝社、一九九七年）で、次のように語っていた。

錦織　中選挙区と比べた場合、一対一の対決になり、有権者が非常に肩身の狭い思いをする。どっちを選ぶのかというプレッシャーをかけられ、非常に嫌な思いをする。

田中　重苦しくなる。

錦織　中選挙区だと五人、一〇人とたくさん出ますでしょう。

田中　お祭り騒ぎのような明るさもあったね。

自民党か、非自民か。政権を競い合う政治の中身が定まらないままに「政権交代可能な選挙制度」へと突き進んだ平成の政治改革によって、有権者は「人」を選ぶことができなくなった。与野党ともに基本は「現職支部長優先」で、候補者の新陳代謝を図るのは簡単ではない。山本太郎氏が「鼻をつまんで選んで」と表現した状況が、全国各地に広がっている。

岸田首相は一九九三年の衆院選で中選挙区時代の旧・広島一区から初当選。小選挙区制になってからも四半世紀、広島一区の議席を守ってきた。祖父から三代続く世襲政治家だ。

一方、官房長官の林芳正氏は、二〇二一年衆院選で山口三区から立候補するまで九年かかった。

二〇一二年の衆院選のときから、世代交代を望む地元県連が参院議員の林氏を山口三区で公認するよう求めてきたが、河村建夫元官房長官が「現職優先」と反発。党本部主導で林氏の立候補を封じ込めてきたからだ。

林氏の前任の官房長官だった松野博一氏は、サラリーマンや松下政経塾の塾生を経て、地盤(選挙区)、看板(知名度)、カバン(資金)の「三バン」を持たずに国政に挑戦。一九九六年の選挙で、自民党千葉県連が実施した公募によって千葉三区の候補者に選ばれた。自身の広報で「日本初の公募制度から生まれた衆議院議員」とアピールしてきたこともある。

当時は、一九九〇年代前半の自民党分裂と小選挙区制導入によって、自民党は都市部を中心に候補者不足に直面していた。そこで各県連や党本部の主催で行なわれたのが公募だった。

「候補のなり手のいない空白区の穴埋めにすぎない」

そうした冷ややかな地方議員もいて、初陣は新進党の岡島正之氏に敗れたが、二〇〇〇年に岡島氏を破って初当選。以来、比例復活を含めて八回の当選を重ねてきた。

この千葉三区では、松野氏と岡島親子（正之氏と現・立憲民主党の長男一正氏）で「上位二名固定」の構図が一九九六年から続いている。千葉三区の有権者は四半世紀にわたって、事実上「松野対岡島」のなかから選択を迫られてきた。

衆院選を前にインタビューした大学生が「私の選挙区、子どもの頃からずっと同じおじさんたちが争っているんですよね」と語っていた。

二〇二一年衆院選を前に全国二八九の小選挙区を調べてみると、千葉三区のように「上位二名固定」型が過去一〇年（二〇一二年、一四年、一七年衆院選）続く選挙区が、一〇〇区にのぼる。親子世襲の候補も含めると一〇五あった。

また、岸田氏の広島一区や河村氏の山口三区のように、小選挙区制の導入から二〇一七年衆院選まで、同一人物が当選を重ねている「一位固定」型の選挙区は全国に二二（統廃合区含む）。親子や兄弟で「一位固定」型が続く場合を含めると三二区にのぼる。「一位固定」型と「上位二名固定」型を合わせると半数近い選挙区だ。

郵政選挙や政権交代選挙など、小選挙区制は揺れ幅の大きさが注目されてきたが、比例復活の制度もあり、落選しても党からの交付金で支援されるケースが多い。よほどの不祥事で追放されないかぎり、支部長に居座ろうとする。小選挙区制の導入は、同じ政党の候補者同士がサービス合戦となってカネがかかる中選挙区制の弊害を改める効果はあったとされてきた。しかし、自民党派閥の裏金問題が明らかになるなか、その効果にも疑問符がつく。

観客からプレイヤーへ

「わが国の政治は地方自治の本旨に基づいておりますので、地方住民の方の意向は大幅にこれを取り入れなければならないのは当然のことです。地方住民の要望が中央政府として、どうしても採用できないと言うのであれば、その理由は住民の納得のいくものでなければなりません。即ち、住民の将来のためにそうする以外に方法がないという場合のみにこれは限られると思います」

これは自民党で環境庁長官などを務めた鯨岡兵輔氏が一九八八年、中海・宍道湖の干拓・淡水化事業に反対する住民運動のリーダーに宛てた手紙だ。「多少余計なことを付言すれば」として、こうつづられていた。

中央政府は自分の立てた案を最上のものとして、他の容喙を許さず、これをあくまでお上の考えとして通そうとする傾向。地方政府はこのお上の考えをできるだけ取り入れて住民に我慢を強いる傾向。住民はお上の声として泣く子と地頭にはかなわぬと諦める傾向。私は、永い政治生活の中でまだまだそういう傾向があることを残念に思います。

当時の首相は、島根県選出の竹下登氏。長年この国策を進めてきた人物が権勢を誇っている時期だったが、自民党内から異論を唱え、反対派の住民運動を支援していた。時の権力からの独立心を持った国会議員が中選挙区時代には存在し、有権者が選ぶことができた。ところが、人ではなく、権力を選択する小選挙区制になり、「権力を握らないと何もできない」という言説がはびこるようになる。とりわけ、民主党による「政権交代」への熱狂と失望の後、権力を奪還した自民党は「この道しかない」「対案は?」と押し込め、もう片方は、負けが込んだ憂鬱さを漂わせつつ相手の欠点を訴える状況が続いた。

そんな国会を取材で駆けまわっていて、「なんて貧しい政治の議論なんだろうか」と思っていた私が、「ちょっと現場を見に来てみない?」とある首長から声をかけられたのは二〇一七年。元社民党衆院議員で、東京都世田谷区長に転じた保坂展人氏からだった。

森友・加計学園問題が連日議論された通常国会が終わって間もない、二〇一七年七月の土曜日。世田谷・三軒茶屋で開かれたワークショップに足を運んだ。参加者は大学生や女性の社会起業家など二〇〜四〇代前半が中心。会場内にはキッズスペースが設けられ、子ども連れの姿も目立つ。

「世田谷をみんなでＤＩＹ（手作り）しよう！」と題したワークショップ（通称「ＤＩＹ道場」）のこの日のテーマは、空き家活用のプロジェクトだった。

伝統的な家族制度が崩れ、生活に困窮したり、周囲とのコミュニケーションから閉ざされたりした人が増えるなか、溢れる空き家を「地域の資源」として着目し、新たな地域コミュニティをつくろうという試みである。大学教授や霞が関の中央省庁で働く官僚から国の「住宅セーフティネット法」について説明を受けた後、参加者は五、六人のグループに分かれて、どのように自分たちの地域で具体的なプロジェクトを進めていくかについて議論する。ＤＩＹ道場を主宰する保坂氏は各グループを回りながら、「着想・気づき」を「企画・立案」、「制度設計」へと押し上げていく議論に参加していた。

若手の建築家が、グループディスカッション後の発表でこう発言した。

「これまで政治や行政は、何か困ったことがあれば、陳情書を書いて誰かに頼まないといけないと思っていたのですが、『観客からプレイヤーへ』のキャッチコピーを見て、『これだ！』と思ったんです」

保坂氏が心がけているのが、組織に頼らないSNSや無作為抽出による熟議の場づくりだ。たとえば、待機児童問題。保坂氏は二〇一二年、「子どもの声は騒音か」とツイッターで問題提起した。

きっかけは、「保育園の子どもたちの声がうるさいと近所から苦情が来て、園児たちは午前中しか園庭に出してもらえないが、おかしいのではないか」という区民から寄せられたメールだった。保坂氏のツイートは反響を呼び、「実際に集まって話してみよう」とフォロワー集会を呼びかけたところ、子育て世代で悩んでいる親を中心に約五〇人が集まってきた。

SNSを通して初めて顔を合わせたメンバーだったが、多面的な議論が展開され、「子どもの声」を騒音の規制対象から外すという東京都環境確保条例の改正にもつながっていった。保坂氏は「集合知の形成のようだった」と振り返る。

また、区の長期ビジョンである「基本構想」を策定する際は、これまで政治から遠かった人も巻き込もうと、有権者名簿から無作為抽出した一二〇〇人に招待状を送った。七時間の長丁場のワークショップで、保坂氏自身も「いったいどれくらいの人が集まるんだろう?」と思っていたが、約一割の八八人が応じた。参加者のなかには保坂氏の支持者も、そうではない人もいたが、テーマごとにテーブルを囲むメンバーを入れ替えながら、全員ができるだけ多くの意見に触れていくという「ワールドカフェ」という手法を使って話し合った結果、自立型、提案型の意見が次々と出て、長期ビジョンにも反映されていった。

ＤＩＹ道場やフォロワー集会、無作為抽出によるワールドカフェは、まるで民主主義の道場だった。

五％改革

保坂氏は民主党が「政権交代」のマニフェストを掲げて大勝した二〇〇九年八月の衆院選で、民主党の公認や推薦をもらいながら議席を失った前職わずか二人のうちの一人だ。前出の東京八区で石原伸晃氏に敗れた。

「政権交代」の熱狂に取り残された保坂氏が、世田谷区長に転じたのは二〇一一年四月。東日本大震災と東京電力福島第一原発事故という未曾有の危機への対応に苦しみ、党内抗争を繰り返す民主党政権に対する国民の不信が強まった時期だった。保坂区政は、「もう民主党には任せたくない」という空気が蔓延し、自民党が消極的な選択肢として、国政選挙で熱気なき連勝を続けた時代と重なっていた。

保坂氏は初登庁でこう職員に呼びかけたという。

「行政は継続です。これまでの仕事の九五％は継承して、五％は大胆に変える」

念頭にあるのが、民主党政権の失敗だ。

「いまの政治を変えるために、いろんな改革スローガンを並べて当選しても、短期間に一〇〇％を実現するのはとうてい無理だ。じわじわと一つずつ、優先順位をつけながら実現していく。急な勾配であれば、スイッチバックをして登ることもありで、そうした心がまえが必要だ。スイッチバックをした瞬間、支援者から『裏切り者』と言われてしまい、当選して一年ぐらいすると、『こっちのほうが楽ではないか』といって、自民党側に回る首長も少なくない。『五％』というと、歩みが遅いように見えるが、毎年五％ずつしっかり変えることで、八年で三割、一二年で四割以上の変化をもたらすことができる」

保坂氏は「ＤＩＹ道場」の参加者にもこう呼びかけていた。

「政策を取られると言うから、けちくさい。野党はどんどん自民党に政策を取られればいい。自民党が取り尽くしてもやっていけなくなったときに初めて政権交代するんだから」

地域主権改革とメディアの役割

二〇二二年一二月、「地域・自治体からのボトムアップ」を合言葉に、東京都内の首長や地方議員が「ローカルイニシアティブネットワーク」を立ち上げた。岸本聡子杉並区長や保坂展人世田谷区長など、東京の西部で次々と誕生する非自民系の首長が中心となった。

保坂氏はその狙いをこう語る。

「地方政治は、それぞれのエリアは限られているが、人々の生活に密接な学校教育の改革や、縦割りになっている福祉の窓口を『横つなぎ』するといったさまざまな変革が可能だ。そこに市民があきらめずに参加していく回路をつくるのだ。区長として『観客からプレイヤーへ』と呼びかけ、市民と行政が共に向き合って取り組む地域づくりをやってきた。『政権交代』という結論を訴えるのではなく、政治の選択肢を示していくための言葉と政策、新たな政治・行政手法を共有して、選択可能な潮流を可視化していく。そうしたなかで、次世代にも創造的な関係や自信をつかんでほしい」

二〇二三年三月のイベントでは、岸本氏が、欧州や南米で広がる地域主権を大切にした政治運動「ミュニシパリズム」を提唱した。

「ローカルイニシアティブネットワーク」がめざすものには五本の柱がある。

一点目は、地域主権と民主主義の実現だ。市民が参画し、熟議を経て改善を進め、地域のことは地域で決める市民自治を確立し、格差・貧困・孤独を広げる競争野放しの社会から、相互扶助の社会的協働に変えていくものだ。

二点目は、気候危機をストップするため、自治体と地域の力で取り組むこと。子どもや若者の意見表明の場をつくり、具体的に政策やライフスタイルを変え、地域循環型経済の実現をめざす。

三点目は、ケアを社会の真ん中に位置づけた「いのちの政治」だ。コロナを教訓に、いのちに寄り添う保育、介護、医療などを担う人たちの雇用環境や賃金をしっかり支える地域づくりを進める。

四点目は、人権尊重と多様性を認め合う社会の実現だ。同性婚や選択的夫婦別姓は、国会では伝統的家族観に固執する自民党の抵抗で放置されているが、東京の渋谷区・世田谷区で先陣を切った同性カップル認証制度は全国約四〇〇の自治体で採用され、人口カバー率は八割を超えた。このように、地方政治からジェンダー平等やＬＧＢＴＱ差別解消、ヘイトを許さない多様性包摂の地域社会をつくっていくことをめざす。障がい者権利条約や子ども権利条約などの国連人権条約を尊重し、地域社会に根づかせていくこともめざしている。

五点目は、市民と行政が共に参画するまちづくりだ。一度決めたらテコでも動かないような権威主義的な行政、パターン化した大型開発優先のまちづくりから、地域や市民が参画した「修復型まちづくり」への転換をめざす。

ここには、「民主主義は多数決」と言って、選挙での権力掌握に与野党が狂奔する小選挙区制時代の政治家が見失っているものがあった。

ただ、そこで忘れてはならないのは、そうした権力者のパワーゲームと、権力者が決めた結論ばかりをメディアが追いかけてきたのではないか、という責任だ。

保坂氏は指摘する。

「メディアも永田町のピラミッドの上の情報をぐるぐるしているだけで、議論の過程をしっかり報じようとしない。それでは議論が深まらないし、ボトムアップの民主主義につながっていかない」

第7章
ボーイズクラブとの決別

黄金の三割

「朝日も早く女性編集局長にしたほうがいいんだろうな……」

二〇二三年七月。退職を告げる筆者のＳＮＳを見た朝日新聞の幹部に声をかけられた。

ＳＮＳには、次の所属先についてこう投稿していた。

「ジェンダーバランスも重要な要素です。編集トップが女性で、管理職の女性割合が全国紙より二、三倍高い（「高い」というより「当たり前の姿に近い」）組織でやっていきたいと思います」

筆者の新たな所属先である琉球新報は、編集局長が女性で、管理職の女性割合も三割を超えた。政府が達成時期を先送りしている「指導的地位における女性の割合を三〇％程度にする」を達成している、日本ではほぼ唯一の新聞社だ。

筆者が着任して最初に手がけた調査報道は、ある市で「市長からセクハラ被害にあった」と申告した業務委託契約の女性が一方的に契約を打ち切られたという問題だったが、取材で浮かび上がった問題が共有され、組織として報道する決断に至るまで、とてもスムーズだった。

三割という目標値は、ハーバード大学の社会学者ロザベス・モス・カンターが一九七七年の『企業の中の男と女』（邦訳は一九九五年、日本生産性本部）で提唱した「黄金の三割」に基づく。組織においては、少数派が三割に達しないと、多数派による主導は変わらず、少数派の存在は組織文化や意思決定に影響を及ぼしにくいことを示す理論だ。

男性が圧倒的多数を占めている組織で、女性が管理職に就くと、全女性を代表する象徴的な存在となる。男性たちは「ボーイズクラブ」の同質性を強め、女性管理職の言動や結果を「下駄をはかされた」「女性だから失敗した」と性別に関連づけて評価しがちになる。女性管理職もそれを回避するために目立たないように男性管理職と同じような言動をする「名誉男性」になるなど、十分に意見を反映することが難しい。そうした悪循環を変え、組織運営や意思決定に影響を及ぼすようになる目安が三割というものだ。

一九九〇年の国連ナイロビ将来戦略勧告で「指導的地位における女性割合を一九九五年までに少なくとも三〇％にする」という目標が合意され、日本でも二〇〇三年に「指導的地位に就く女性の割合が二〇二〇年までに少なくとも三〇％」という政府の目標を掲げた。

政界と同様に遅れているのが、新聞・テレビを中心とするメディアの世界だ。業界の先陣を切って二〇二〇年四月に「ジェンダー平等宣言」を打ち出した朝日新聞でさえ、女性管理職比率は二〇二三年五月時点で一三・五％にとどまっている。

「女性たちはそれぞれの部署でぶつかりながら、自分の違和感を口にすることを自分の責務として貫いている人が多いが、疲れ切って退職を選ぶ人も多い」

会社が同年、女性管理職を対象に行なったアンケートには、悲壮感に満ちた声がつづられていた。女性比率が一～二割にとどまっているため、悪循環に陥っている。

新聞労連が二〇一九年、「労組役員の女性比率を三割以上にすることをめざす」という運動方針に基づいて、最大一〇人の女性役員枠（特別中央執行委員）を創設したのは、悪循環を断ち切るためには、新聞業界の一角に「黄金の三割」の環境をつくり、思う存分に力を発揮してもらうことが必要だと考えたからだ。毎年一〇人近いメンバーが経験を積めば、そのなかから「名誉男性」に陥らずに、ジェンダー平等を体現する次世代のリーダーも生まれていくのではないか、という期待もあった。

そして、二〇二〇年四月の定期大会では、組合だけでなく、会社の女性管理職比率を三割以上にすることをめざす運動方針を決め、大会宣言でも次のように強調した。


日本新聞協会の調査では、新聞・通信社の新入社員がほぼ男女半数となりましたが、新聞労連が昨年（二〇一九年）実施した組合員アンケートでは、女性の六割が「賃金・待遇や働く上で、性別による差別がある」と回答しました。女性管理職も少なく、ジェンダーバランスの欠如が報道の歪みにもつながっているという指摘は男性組合員からも出ています。こうした状況を改善するため、新聞労連は二〇一九年度から特別中央執行委員（いわゆる女性役員枠）を創設。三割超となった女性役員が未来を切り拓く推進力になっています。この動きを逆戻りさせてはなりません。ジェンダーバランスの改善を業界全体に広げ、誰もが働きやすい職場の実現と、幅広い読者の信頼をつかむことができる新聞・通信社の体質への転換を目指していきましょう。

この定期大会の前に行なった日本新聞協会への要請では、業界の方向性を決める協会の理事会が現在女性ゼロの状況を指摘し、労連の特別中央執行委員のような「特別枠」を設けるなどの措置を講じるよう求めた。

「業界は五〇代の男性が非常に多い。それらが退職するとだいぶ業界の風景も変わるだろう」「もう少し時間が経っていけば……」

煮え切らない協会側の回答に、参加した新聞労連の女性役員たちが切々と訴えた。

「決定権を持った立場にいる女性社員は少ない。多くの女性社員がハラスメント被害を受けていることもアンケートで明らかになった。悪循環が続いている。協会や会社は自分事として捉えてほしい」

「協会として明確な目標数値がないと、いくら時間を経ても変わらない」

「女性はいつまで待てばいいのか。その間に若手や仲間が業界からいなくなっている。積極的な意思を持ったアクションを求めている」

最終的に協会側も「思いを十分受けとめる」と述べたが、その後も結果は伴っていない。

二〇二三年一〇月の新聞大会（日本新聞協会主催）でも、こんなやりとりがあった。

パネルディスカッションに登壇したある地方紙の女性局長が、「この会場、『オッサン過多ん素中毒』で息苦しくないですか？　私は息苦しいです」「(経営を) ジャッジする場がもっとカラフルな状況にならないと、危機を脱するのは難しいんじゃないでしょうか」と呼びかけた。

ほぼ九割が男性の会場から、発言に歓声と拍手があがった。

ただ、この時点で現場の危機はもっと進行していた。

全体の記者数が減っているため女性割合は微増しているものの、新聞・通信社の女性記者数は二〇二一年の四〇二六人をピークに、二〇二二年は三九八八人、二三年は三九三〇人と減少に向かっていたのだ。

「マッチョな話題が多い」

二〇二一年一〇月の衆院選。さまざまな団体や市民が、衆院選に向けて、論点や各政党のスタンスを明らかにするアンケート結果などを発表するなか、「みんなの未来を選ぶためのチェックリスト」のメンバーが国会内で記者会見を開いた。

市民運動などを通じてつながった有志が立ち上げたこのアクションでは、主要八政党に一九項目・六七問の公開質問状を送り、その回答をまとめていた。

「コロナ対策」「家族・暮らし・防災」「エッセンシャルワーカーの待遇」「税制改正」「働く人の権利」「困窮者支援」「同性婚」「ジェンダー平等の実現」「性暴力／刑法改正」「学費」「環境問題」「原発問題」「核兵器廃絶」「沖縄基地問題」「農林水産業」「差別問題」「入管問題」「情報開示」『文化芸術」——。「選挙のための人気取りとしてのマニフェストではなく、この国で暮らす多様な人々の生活をみつめ、答えの出ない課題、すぐには変わらないけれど大切な課題に対して、真摯に根気強く向き合う政治を行って欲しい」

公開質問状には、若い世代が中心の主催者たちの願いが込められていた。長年、先送りにされてきた課題が詰まっているチェックリストだが、記者会見で驚くべきことが起きた。

質問者としてマイクを握った共同通信の男性記者が「これだときつい」と発言しだしたのだ。

「(メディアなど) いろいろなところがやっていて、なかなか目を引かないと思う。もう少し、『自民党は答えない項目が何個ある』とか『×ばっかりの何とか党』とか、(回答を) 分析していただかないと。マスコミで言う『見出しが立たない』。ニュースもものすごく多いので、分析も含めてきちんとやってもらったものを出してもらわないと、取り上げにくいというのが本音です」

質問とは言いがたい「本音」をぶつけられて、会見場に困惑が広がるなか、一八歳選挙権の実現などに取り組んできた大学院生の町田彩夏さんが指摘した。

「『自民党は×が多い』といった分析は大事ですが、これだけたくさんの争点、しかも既存のメディアではなかなか取り上げてこなかったテーマを市民が持ち寄って、政党に聞いて回答が返ってきた。それはメディアが『見出しになる』とか『ならない』とか、そういうことではない。一人ひとりの有権者が回答を見て、『私はここに投票しよう』『ここには投票しない』ということを考えていただければと思っている。政党は真摯に答え、真面目に○・×・△をつけてくれた。私たちが持っている問題意識はちょっとは政党に届いたのではないかと思った。メディアの人が忙しくて、全部分析しきれないと言われても、メディアの皆さんは自分なりにがんばってください」

その後も同じ記者が「それはちょっとおかしいですよ。メディアを呼んで会見するからには、責任がある。きついことを言わせてもらいますが、記事にしてほしいと思ってメディアを呼んでいるわけですから、分析する努力をしていただかないと」と発言を続けた。

町田さんは、四日後に出演したネット番組で次のように振り返っていた。

「いろいろな報道を見ているが、だいたい選挙の争点は、経済政策や外交・安全保障政策、コロナ対策が前面に出てくる。ある種、王道しか報じられてこなかった。そういった価値観で私たちの記者会見に来れば、『なにニュースにならないことを騒ぎ立てているんだ』と思ったかもしれません」

同時期に国際人権NGO「ヒューマンライツ・ナウ」が主要政党に人権政策に関するアンケートを呼びかけた記者会見でもこんなやりとりがあった。

「いまの政治の課題を『人権』という切り口から浮かび上がらせる重要なアンケートですが、政治報道における人権のテーマの取り扱われ方についてはどう感じていますか」

ヒューマンライツ・ナウ事務局長の伊藤和子弁護士は「確かにコロナ禍ということもあって、人権に関する議論がメディアを通じて広がってきたことを感じる」としたうえで、こう指摘した。

「政治報道は、政局やスキャンダルに関わる、どちらかというとマッチョな話題が多く、人権の問題が副次的で、メインテーマではない形で扱われてきたと思う。でも、本来は人権の問題が政治の中心として語られるべきで、あたかもそれが重要ではないかのように議論されるということが、『私たちが置き去りにされているのではないか』ということで、政治に対する不信感も募っているのではないかと思う」

黙殺される性暴力

朝日新聞の政治部記者だった二〇二二年三月、『黙殺される教師の「性暴力」』(朝日新聞出版)という本を出版した。題材にしたのは、地方総局時代から取材を重ねてきた、ある公立小学校で起きた教師による児童への性暴力事件だ。被害当事者が直面する悩みや苦しみを共有しやすくするため、被害者の母親を一人称にした文体でつづった。

「おっぱい、ぎゅうされた」という告白を皮切りに、子どもたちが担任の教師から受けた深刻な被害を次々と訴えていくが、学校側は身内の教師の言い分を盾に、弥縫(びほう)策を繰り返し、子どもたちの訴えにきちんと向き合わない。学校と教師が一体となって裁判でも子どもたちの訴えを否定しつづけ、子どもたちへの医療的配慮を欠いた尋問の末に「無罪」の判決が出ると、市長は議会で次のように言い放った。

「刑事裁判では最終的に『事実はなかった』と断定された」

そうした市長の言動に呼応するように、地域社会には「荒唐無稽な訴え」「虚偽の告発で教諭と家族に汚名を着せ、抹殺を企んだ者は虚偽告訴罪が該当する」といった、被害者側を攻撃するビラが大量にまかれていった。そして、PTAや福祉関係の団体の多くも「騒げば学校の評判が下がる」「私たちは関われない」などと言って被害者家族と距離を置き、子どもたちの訴えを黙殺していった。

「もし自分がこの事件の学校や保護者、地域住民としてその渦中にいたら、どこまで子どもたちの訴えに敏感でいられただろうか。自分のなかにも『黙殺』が潜んでいるのではないか」

そうしたことを自らに問いかけつづけながら執筆し、性暴力被害者を取り巻く理不尽な現実と、市民の有志に支えられながら困難を乗り越え、民事裁判で救済を勝ち取るまでの姿を描いた。

一般的に多くの犯罪被害者は、犯人が特定されなくても「被害者」として社会的に保護される。ところが、性犯罪の場合は、加害者が否定しつづければ、「被害者」としての立場すら揺らいでしまう。しかも、多くは面識がある人からの加害だ。周囲の無理解が重なれば、必要な保護を受けられないばかりか、「被害者側に落ち度があった」などという攻撃の対象になり、コミュニティから排除され、二次被害にも苦しめられる。

筆者にとって「権力やメディアはどうあるべきか」を考える視座になった事件だった。権力側が自分たちの保身に走り、市民の穏やかな日常の生活を奪っていくことを目の当たりにしたからだ。「疑わしきは被告人の利益」という刑事裁判の原則を理解したうえで、被害を訴えていることを社会的に証明することができるのがメディアだった。

この事件の報道の流れをつくったのは、毎日新聞の中川紗矢子記者（当時）だった。刑事裁判の「無罪」判決でメディアも思考停止に陥りそうになったときに、司法システムの問題をいち早く指摘。コラムでも「少女の母親は、『障害者には何をしてもいいと世間に伝えることになったのが一番つらい』と話した。その訴えには、卑劣な犯罪を黙殺し、次の被害を誘発しかねない今の社会への憤りが込められている」と鋭く切り込んでいった。

記事に対し、人権団体の事務局長が「教師の名誉を毀損する記事だ」と抗議をし、新聞社の第三者委員会で議論されたが、有識者は「無罪判決を批判し、異論を述べることが、無罪の確定した被告人の名誉を毀損するということになれば、判決（司法）に対する批判そのものが成立しえない」「『無罪』の確定を原点とする裁判所の座標軸から離れ、障害児と家族を原点とする座標軸に当面する問題を乗せて観察する異質な座標系から見ないと、体制が正当化したり無視したりしている問題を浮き彫りにできないことが多い」と指摘。「あるべき司法の姿を訴えかける、優れたジャーナリズムの仕事。被害者報道の一つの試み」と評価した。

刑事事件の司法判断に頼らなくても、性暴力の訴えを報道機関が受けとめ、報じていく可能性を広げたものだった。

しかし、そうした実践があったにもかかわらず、日本の新聞・テレビは個別の性暴力事案の報道に後ろ向きだ。自らの足下が性暴力に甘かった。

「TBS記者だった山口敬之氏から性暴力を受けた」という伊藤詩織さんの訴えを二〇一七年に報じたのは週刊新潮で、記者会見をしたのに大半の新聞・テレビは報じなかった。二〇一八年の財務事務次官のセクハラ問題、二〇二三年になってジャニーズ事務所が認めた性加害問題は週刊文春の報道だ。二〇二二年に自衛隊内で受けた性暴力被害を訴えた五ノ井里奈さんも、被害の公表は自身をさらしたユーチューブだった。「フラワーデモ」のきっかけになった二〇一九年の相次ぐ刑事裁判での無罪判決は、主に地方にいる新聞・通信社の女性記者が報じたものだったが、全体として、新聞・テレビの存在感は薄かった。文春が報じた細田博之衆院議長のセクハラ疑惑も、被害者が所属しているはずの新聞・テレビは自分たちの調査結果や抗議の意思を表明しなかった。

一連の報道をリードしている文春も、たとえば二〇二三年末に発覚した松本人志氏の疑惑に関して、「SEX上納システム」や「献上」といった言葉を使っていることに批判がある。男性中心の読者を想定した加害者目線の表現、報道になっているからだ。もっと被害者の側に立った表現や報道が必要だが、新聞・テレビが個別の性暴力事案に対してもきちんと解明し、報道していく力をつけないと、被害を訴える人は文春的な表現方法に乗らざるをえないのである。

山口敬之氏の事案をめぐっては、権力側によって公正な捜査が行なわれなかった疑義が生じているにもかかわらず、「枕営業の失敗」「ハニートラップを仕掛けた」などと被害者を中傷する投稿がネット上に広がった。伊藤さんは二〇一九年一二月に民事訴訟で勝訴判決が出た後のインタビューでこう振り返っていた。

「判決が出るまでの間、日本の新聞やテレビは海外メディアに比べ終始及び腰で、私が最初の会見で提起した日本の法制度の不備や被害者支援の問題点について、主体的に、突っ込んだ報道をすることはなかった。それは今も残念に思っています」(二〇二〇年二月六日付朝日新聞)

バックラッシュ

「東京地裁には、元従軍慰安婦だったという韓国人女性らが、補償を求めて訴えを起こした。強制的に旧日本軍に徴用されたという彼女らの生々しい訴えは、人間としても同性としても、心からの同情なしには聞けないものだ」

「売春という行為を戦時下の国策のひとつにして、戦地にまで組織的に女性達を連れていった日本政府の姿勢は、言語道断、恥ずべきであるが、背景にはそのような政策を支持する世論があった。とすれば、責任を痛感すべきは、むしろ、私たち一人ひとりである」

一九九二年七月一八日号の『週刊時事』に、旧日本軍の「慰安婦」問題をめぐって、このような寄稿が載っている。執筆者は当時、日本テレビ系の報道番組『NNNきょうの出来事』のメインキャスターを務めていた櫻井よしこ氏だ。

日本政府が「慰安婦」問題を謝罪した一九九三年の河野談話、日本から約五〇〇〇人が参加した一九九五年の北京女性会議、一九九九年の男女共同参画社会基本法など、ジェンダーに関する課題が前進していた時代だった。

しかし、一九九〇年代後半から保守派によるジェンダーバックラッシュが激しくなる。櫻井氏は立場を変え、「慰安婦」問題を攻撃する側に回った。

第一次安倍政権だった二〇〇七年六月、「歴史事実委員会」と称した団体の中心メンバーとして『ワシントン・ポスト』に、「慰安婦」動員に日本政府や旧日本軍の組織的・計画的強制連行はなかったと主張する意見広告を出した。日系アメリカ人でカリフォルニア州選出の下院議員のマイク・ホンダ氏が米下院に提出していた日本政府への「慰安婦」に対する謝罪要求決議案を阻止する狙いの広告だ。「事実無根の中傷に謝罪すれば、人々に間違った印象を残し、日米の友好にも悪影響を与えかねない」と主張。「日米同盟」という国家間の力関係を優先し、女性の人権を踏みにじるような内容で、逆に批判を浴びた。決議案は下院で賛成多数で可決される。

国際的に信用を失う事態をもたらしつつも、櫻井氏の言動は止まらなかった。第二次安倍政権だった二〇一四年には、一九九一年に韓国で初めて元「慰安婦」であったことを名乗り出た女性の証言を新聞記事にした元朝日新聞記者の植村隆氏（現・週刊金曜日発行人）に対し、「捏造」というレッテルを貼って、攻撃を続けた。

植村氏が提訴した民事訴訟のなかで、櫻井氏の取材不足や誤読・曲解も明るみに出たが、司法判断は櫻井氏を擁護。なかでも歴史的事実や女性の人権に対する裁判所の認識の歪みが表れたのは、札幌高裁判決だ。

植村氏が報じた「慰安婦」の証言について、「単なる慰安婦が名乗り出たにすぎないというのであれば、報道価値が半減する」と言及したのだ。戦後、長い苦しみの時間を生き抜き、勇気と決意をもって名乗り出た女性を「単なる慰安婦」とおとしめる侮辱的な判決だった。

戦時性暴力の被害者である「慰安婦」の証言を報じた側には重い責任を負わせ、被害者の証言報道を「捏造」などとおとしめる側の取材不足・誤読・曲解は大幅に免責する司法判断の構図。安倍政権の応援団である櫻井氏を、日本の統治機構が擁護する形で、一人ひとりの人権より国家の体面を優先し、「慰安婦はうそ」という空気がつくりあげられていった。これを放置していたら、今後の性暴力被害の告発やその報道にも深刻な影響が出かねない。

政府がつけ込んだ改革の遅れ

二〇二〇年七月、安倍政権が「第五次男女共同参画基本計画策定に当たっての基本的な考え（素案）」を公表した。

そのなかには、こんな記述があった。

女性記者をはじめとするメディア分野等で働く女性のネットワークを構築し、その育成・組織運営に携わる管理職・経営層等を巻き込みつつ、男女共同参画の視点からのメディアにおける取組について認識を共有するとともに、その成果を業界団体等に周知することで各業界における自主的な取組を促進する。その際、中央だけではなく地方とも連携を図る。

記者は本来、独立した立場から権力を監視する役割を担っている。公権力側が組織することになれば、メディアの自律性を揺るがし、民主主義社会に不可欠な権力監視機能を弱めかねない。

こうしたことの先に、新聞協会や民放連などの業界団体の女性役員枠に政権と近い人物が送り込まれることにもつながるのではないか。「たとえば、櫻井よしこ氏が送り込まれたらどうするのか」と警鐘を鳴らし、新聞労連として、「公権力によるメディア介入につながりかねない内容で削除を求める」というパブリックコメントを書いた。

主語は明示されていませんが、政府の基本計画であることから、「政府が女性記者などのネットワークを構築する」ことを目指す内容と読み取れます。（中略）日本で女性記者が所属する最大規模の労働組合として強く懸念し、記述の削除を求めます。なお、新聞労連は、「特別中央執行委員（女性役員枠）」を設けるなどの積極的是正策を講じ、二〇一九・二〇年度の女性役員比率は三〇％以上を達成。そのようなボトムアップの取組を重ねるなかで、経営側・業界団体にもジェンダーバランスの改善を求めています。ジェンダー・ギャップの解消は喫緊の課題ですが、あくまでメディア側が自律的に取り組むべきものです。公権力によるメディアへの介入は、日本国憲法第二一条で保障された表現の自由・報道の自由を侵害する行為で、容認できません。

最終的に記述は削除されたが、メディアの自己改革の遅れが政府につけ込むすきを与えていた。そして、その危機は今も変わっていない。

第8章

原点回帰

小さな声の隣で

当たり前のことが、とても新鮮だった。

「私たちの前には読者がいる」

「市民の小さな声をすくい上げる役割を背負っている」

「沖縄を二度と戦場にしない」

沖縄の地元紙・琉球新報の幹部たちが口をそろえて語りかけてきた言葉だ。ライバル紙の沖縄タイムスとともに、米軍や日米両政府という巨大な権力と対峙してきた歴史に裏打ちされたメッセージだった。

二〇二三年一一月、筆者は琉球新報に拠点を移した。

所属は、暮らし報道グループのフリー班。全国紙で言えば社会部遊軍だ。同業の仲間からは「『社会』と『くらし』を分けて考えようとする男性的な新聞社とは違いますね」と言われた。編集局長だけでなく、グループ長（部長）も女性だ。

フリーアドレスが長く、会社に自分の机があるのは一六年ぶりだ。朝日新聞の同僚から贈られた四ページ立ての「朝日卒業新聞」を引き出しに入れた。信頼する後輩がつけてくれた一面のメインの見出しにはこう謳われている。

「南彰は書き続ける　もっとも小さな声の隣で」

贈られたメインカットに恥じないように、沖縄で生活する人の声にしっかり向き合って、それを可視化していく。当局に依存せず、自分たちで調べ、考え、報道する。

歩く民主主義

最初に始めた企画は、街頭や戸別訪問で無作為の一〇〇人から回答を得るまで話を聞く「歩く民主主義　一〇〇の声」だ。

辺野古新基地建設をめぐる二〇一九年二月の県民投票から五年を迎えようとするなか、政権による民意を無視した強引な手続きが幅をきかせ、さらには県内各地で軍事要塞化も進んでいる。地域で暮らす人がどのように考えているのかを、あらためて丁寧に拾い、示していく必要があると考えた。

「歩く民主主義」には、「数の力」を背景にした強引な動きに振り回されるのではなく、時に立ち止まりながら、住民の言葉や考えをじっくりと紡いでいきたいという願いを込めた。

第一弾は二〇二三年一一月半ば、辺野古に関する代執行の是非が争われている訴訟の福岡高裁那覇支部判決を前に、米軍普天間飛行場（宜野湾市）の周辺住民一〇〇人に聞いた。政府が代執行の理由として、「普天間飛行場の危険性除去」を挙げていたからだ。①辺野古新基地建設への賛成・反対、②辺野古建設は「普天間早期返還のため」という政府説明を信頼するか、の二問に回答する人が計一〇〇人に達するまで続けた。

特に重点的に聞いたのは二〇二二年度の騒音指標で環境基準を超過し、騒音被害に苦しむ飛行場南側の一帯だ。

オスプレイや輸送機が上空を飛び交う駐車場で誘導員をする男性は、「騒音が大変。他に移設のあてもないし、この辺りの人はみんな賛成じゃないか」と答えたが、地域は苦渋に満ちていた。

八三歳の女性は「仕方がないという気持ち。歓迎ではない」という留保つきで賛成とした が、自身の沖縄戦の体験も交えて訴えた。「国は以前も沖縄を犠牲にした。基地に反対するから予算を減らすのは脅しで、誠意がない。沖縄が犠牲になってきたことを理解して、ちゃんと生活を保障してほしい。平気で沖縄に押しつけている政府の姿勢は改めてほしい」

「難しい問題だね。こっちの騒音も大変だけど」と口ごもり、その場では賛成も反対も選ばなかったが、渡した名刺をもとに一時間後に携帯に連絡をしてきた人もいた。

「辺野古は埋めても埋めても水が出てきて、いくらお金を使っても失敗するでしょう。環境も破壊する。辺野古での建設は反対です」

この人は、かつて工事関係会社に所属していたという。

一〇〇人に聞いた結果は「辺野古反対」が四五人で、「容認」の人を含んだ「賛成」の三九人を上回った。さらに「普天間の早期返還のため」という政府説明については、「信頼しない」が五五人で、「信頼する」の一九人を大きく上回った。

何より、数字だけではない、苦渋に満ちた当事者の声が集まった。普天間飛行場に隣接する沖縄国際大学の前泊博盛（まえどまりひろもり）教授は調査結果を見て、次のように語った。

「宜野湾の人たちはこれまで安全保障のための負担を背負いつづけてきた。爆音はすごいストレスで『何とかしてほしい』という思いを持っているのに、飛行場閉鎖を先送りされて傷を深めてきた。それにもかかわらず、政府は平気で『あと十数年かかる』と言っている。そうしたなか、在沖米軍幹部から『軍事的に言えば普天間飛行場のほうがいい』と普天間維持の本音が出てきた。今回の調査で多くの住民がこの米軍発言に反応している。政府が隠していることを知り、『辺野古賛成』の人も政府を信用できなくなっているのだろう。当事者としての安全保障をみることは大切で、世論調査などの数字の裏にある理由を明らかにした重要な調査だ」

同時並行で取り組んだのが、拙著『黙殺される教師の「性暴力」』を読んだ人の連絡をもとに取材を始めた南城市長のセクハラ疑惑だ。

「市長からセクハラを受けた」と市に申告した業務委託の女性に対し、市は第三者調査もせずに、女性の契約を打ち切ったという事案だ。

仕事を奪われた女性は、なかなか声をあげられずに苦しんでいた。市長は疑惑を全面否定しているが、一つひとつの個別事案に丁寧に対応していく必要がある。一カ月あまり取材を重ね、一二月一五日に報道を始めた。

そして、沖縄戦から八〇年となる企画の準備も進めている。

CLPの挫折

転職の選択肢はいくつか浮かんだが、この数年間を振り返って考慮しないといけないことがあった。二〇二二年、年明けの苦痛な出来事だ。

「特定政党となぜ関係性を持ってしまったのか。その経緯と理由について、事実関係や今後の対応についての説明・謝罪をいつ行うのか」

「事実関係を伏せたまま、サポーターからの会費を徴収し続けるのか」

「報道倫理に反した状態のまま、一月以降も番組配信を続けるのか」

「独立した第三者による調査委員会を設置し、その結果を公表する予定はあるのか」

グループチャットのやりとりで五人が連名した質問状ができあがったのは一月一日の午前〇時半前。その宛先は数時間前に公式アカウントから「来年も開かれた〝公共のメディア〟を目指して奮闘します！」と投稿していたネットメディア「Choose Life Project（通称CLP）」だ。

CLPは二〇一六年、テレビ局の報道番組や映画、ドキュメンタリーを制作している有志で始めたネットメディアだ。参院選前の「投票呼びかけ動画」を配信することから始め、討論番組やオンラインシンポジウム、国会審議の解説動画などをユーチューブで無料配信してきた。

数あるネットメディアのなかで、脚光を浴びるきっかけになったのは、二〇二〇年五月の検察庁法改正案の問題点を掘り下げた番組だ。

検察官の定年を政府の判断で延長できるようにする法改正をめざした安倍政権に対し、「#検察庁法改正に抗議します」というハッシュタグをつけたツイッターデモが起きたとき、連日のように有識者や国会議員が出演する討論番組、法案の問題点を解説する検察OBのロングインタビューなどを精力的に配信した。CLPの議論をテレビ局が引用するなど、同法案をめぐる議論に大きな影響を与え、最終的に廃案に追い込む原動力の一つになった。

その後、同年七月に「公共のメディア」「市民スポンサー型メディア」を掲げて、クラウドファンディングをスタート。わずか一日で目標額の八〇〇万円を突破し、二カ月間で三一四七万八五〇〇円を集めた。

メンバーの中心は、在京テレビ局の報道番組のスタッフだった。安全保障法制の強行など、民主主義が危機に瀕する一方で、テレビ局のなかで自己規制が横行し、報道番組の特集などがどんどん減っている。「歯止め」の役割を果たせなくなっているのではないか――。メディアの状況を憂い、突破口を開こうとするメンバーの取り組みに共感し、新聞労連委員長だった筆者も合同企画の番組をやったり、ＳＮＳなどで支援を呼びかけたりしてきた。

韓国の保守政権下で、政権に批判的な記者らが解雇されるなどのメディア弾圧が行なわれたとき、労組と市民の支援でできた独立系メディア「ニュース打破」のように受け皿の一つとなり、既存メディアを巻き込んだ改革の起爆剤になることを期待したからだ。

ところが、ＣＬＰはある秘密を抱えていた。

代表になった男性が在京テレビ局の関連会社を退職し、ＣＬＰの専従になった二〇二〇年三月～八月分の「番組制作費」として、立憲民主党から約一五〇〇万円の資金提供を受けていたのだ。代表が専従になった後、法人化を含めてＣＬＰが本格軌道に乗っており、事実上、スタートアップの資金が政党によって支えられていた。

この事実は出演者らにも伏せられ、二〇二〇年七月にもCLPは「これまで手弁当で運営してきたCLPですが、この度資金集めのクラウドファンディングを始めます！」とツイッターの公式アカウントから発信していた。MCなどとして出演してきたエッセイストの小島慶子氏、ジャーナリストの津田大介氏、フォトジャーナリストでNPO法人Dialogue for People副代表の安田菜津紀氏、東京新聞記者の望月衣塑子氏と筆者の五人が二〇二一年一二月末に事実を把握し、前述の質問状を送ることになった。

二〇二二年一月四日夜にあらためてCLP側と話し合いを持ったが、問題への認識に開きがあり、早急な対応が必要と判断し、一月五日未明に五人のそれぞれのツイッターから抗議文を発表した。

「報道機関でありながら、特定政党から番組制作に関する資金提供を受けていたことは、報道倫理に反するものです。公正な報道の根幹を揺るがす行為であり、またその事実を出演者及びクラウドファンディングの協力者、マンスリーサポーターなどに一切知らせていなかったことは、重大な背信行為です」

こう指摘し、詳細の公表と出演者・視聴者・サポーターへの謝罪、第三者による徹底した検証など真摯な対応を求めた。

CLPは一月六日、立憲からの資金提供を伏せていた事実を認め、謝罪する談話を公開した。

「活動を続けるためには資金が必要でした。そこでまずは企業スポンサーを探してプレゼンをしたり、大口の個人で寄付をいただける方を探したり、その他団体など、番組制作費の支援やスポンサーとなっていただける方を探しました。そんな折、私は立憲民主党にCLPの話をさせていただく機会を得ました」

立憲側も同日、「フェイクニュースに対抗するメディアの理念に共感したため、広告代理店と制作会社を通じて番組制作を支援した」とするコメントを発表した。

CLP代表が公表した談話には率直な気持ちがつづられていた。

「ネットメディアについてはそれほど厳密な放送倫理の規定が適用されるわけではなく、マスメディアであれば抵触するであろう各種法令は適応外(ママ)であろうという認識でいました。（中略）語り得ぬほどの愚行だったと悔やんでおります」「私たちの甘えと弱さから今回多くの方々の信頼と期待を裏切ることとなりました。多くの関係者に多大なご迷惑をかけてしまう結果となり、何てことをしてしまったのだろうと茫然自失の思いです」

CLPには若手のいい人材が集まりつつあった。抗議文で問題を公表したことに対し、「こんなことをしてCLPをつぶしたら、いいメディアが育たないじゃないか」という指摘も受けたが、次のように答えた。

「それは、たとえば安田さんのDialogue for Peopleのように、政党や権力側のお金に頼らず、懸命にがんばっている人たちへの冒涜になってしまうのではないですか」

同じ時期、自民党との関係が指摘されるSNSアカウント「Dappi」や、読売新聞と大阪府が結んだ包括連携協定など、権力とメディアの関係を問題視してきたなかで、変な例外をつくるわけにはいかなかった。ただ、CLPが消え、既存メディアの反動が強まる恐れがあり、抗議のあり方を問題視してきた人たちの危機感も痛いほどわかった。

自称「ジャーナリスト」

新聞協会賞を受賞した後に朝日新聞を早期退社した先輩たちは饒舌だった。

「ユーチューバーになって確信したが、新聞はもう先は長くないよ」「前へ進め！」

そうした私信を送ってきたのは、二〇二一年に独立し、政治系のネットメディア「SAMEJIMA TIMES」を立ち上げた鮫島浩氏だ。二〇二二年参院選では「れいわ新選組支持」という党派色を鮮明にしていた。

「大手メディアは『客観中立』に縛られて横並びのような報道に終始するでしょう。『鮫島タイムス』は主観をどんどん出します。今回の参院選では、れいわ新選組を躍進させることが野党再建への最短距離であるという見方を示していきます。選挙報道のタブーに挑戦するつもりです」（『現代ビジネス』二二年六月一五日配信記事「『死に体』野党の見どころは山本太郎だけ？ 二〇二二参院選を大胆予想」）

安倍政権以降、政権批判報道を封じるための「両論併記」の圧力に屈し、問題の所在がわかりにくくなっていった報道への対抗だろう。事実上の政党機関紙が多かった明治時代に福澤諭吉が創刊した『時事新報』が掲げ、新聞・テレビに広がっていった「不偏不党」の文化への挑戦とも言える。その語りには熱心なファンが集まり、クリエーターとしての能力は抜群だった。ただ、ジャーナリズムが向き合う事実はときに退屈で、不快なものだ。事実からそれて、自らのストーリーに合わせるような報道になっていないか、真実性・信頼性の担保が課題と感じた。

別の元受賞者は「真のジャーナリスト」を自称する。在京のラジオ局でレギュラーコメンテーターを務めていた。安倍晋三元首相が週刊ダイヤモンドのインタビュー取材を受けた後、ダイヤモンド編集部の副編集長に公表前の誌面を見せるように要求した問題で、二〇二二年四月に朝日新聞編集委員を解職された峯村健司氏だ。

朝日の調査では、峯村氏はダイヤモンド側に「安倍（元）総理がインタビューの中身を心配されている。私が全ての顧問を引き受けている」と発言し、「とりあえず、ゲラ（誌面）

を見せてください」「ゴーサインは私が決める」などと語ったとされる。

「政治家と一体化して他メディアの編集活動に介入したと受け取られ、記者の独立性や中立性に疑問を持たれる行動」と判断されて懲戒処分を受けたが、峯村氏は処分に反発。自身のブログで、安倍氏のインタビューで誤報が生じることは「国益」に関わることだと主張し、「自ら犠牲になってでも、それを徹底的に排除することこそが、真のジャーナリストとして誠意を尽くすことになる」とつづっていた。

元首相と一体化した自らの行動を客観視できない人物が、なぜ「ジャーナリスト」を公言しつづけるのだろうか。参院選の告示を目前に控えた二〇二二年六月一五日のラジオ番組でも、「コロナも戦争的な体制、マインドがすごく必要。日本は結果として感染者、犠牲者も抑えて、ある意味、戦勝国になってもいい国だ」などと政権のコロナ対策を持ち上げていた。

峯村氏に対して、「ジャーナリスト」という呼称を繰り返すアナウンサーは、『「反権力」は正義ですか』（新潮新書、二〇二〇年）の著者だった。権力批判に軸足を置いたジャーナリストのあり方を塗り替えていくような言説が、公共の電波の一角で幅をきかせていた。

原点回帰

現状を嘆き、立ちすくんでいるわけにはいかない。

そんなときに、読み返した本が『環（めぐ）りの海』（岩波書店、二〇一五年）だった。

竹島や尖閣諸島をめぐり、近隣諸国と対立が激しくなっていた二〇一三年、竹島のある島根県の山陰中央新報と、尖閣諸島のある沖縄県の琉球新報の合同で、ナショナリズムによって煽られる対立の陰で置き去りにされがちな地元漁師など、生活者、地域の視点から領土問題に向き合った企画で、同年度の新聞協会賞を受賞していた。

大阪に勤務していた二〇一五年、松江総局の若手メンバーと「竹島の日一〇年」という企画に取り組むなかで購入した本だった。日頃、外交・安全保障政策についての意見が異なる二社が「生活者・地域の視点」でまとまり、中央から煽り立てられるナショナリズムと一線を画した知恵や懐の深さが印象に残っていた。

学生時代、島根でのフィールドワークなどを重ねるなかで、「スローガンに踊らされず、現場を歩き、地に足ついた言葉を届けたい」と思い、新聞社に就職した。東京本社の政治部に配属されてからも、保守王国・出雲をルポした企画「探訪保守」や東京・世田谷の住民自治の動きを政治報道に組み込んだり、ある小学校で起きた教師の性暴力を首長らが黙殺しようとした事件の取材を重ねて本にまとめたりしてきた原動力は、「政局取材で忙しくなっても、軸足は見失いたくない」という思いだった。

「地域」というキーワードとともに浮かんできたのが、新聞労連の委員長時代に頻繁に足を運んだ沖縄だった。

沖縄を訪問する目的は、宮古島の地域紙で二〇一九年一月、社員にセクハラ・パワハラを繰り返していた社長が社員たちの抗議に腹を立て、突然、「廃刊・全員解雇」を宣言したことに端を発した労働争議だった。新聞発行を放棄した社長に代わり、組合による自主発行を続けるなかで、「そういう組合員がいる新聞社なら」と経営に名乗りを上げる人が現れ、経営譲渡による発行継続・雇用維持を勝ち取ったケースだった。

その闘いを通じて、沖縄の新聞・放送局の労働組合でつくる「沖縄県マスコミ労働組合協議会」の仲間と交流した。

本土防衛のための持久戦に使われた沖縄戦の後も、米軍統治下の「銃剣とブルドーザー」と呼ばれる強権で土地を奪われ、日本復帰から半世紀が過ぎても、基地から引き起こされる騒音やPFASなどの環境破壊、米兵が起こす事件・事故にさらされ、辺野古新基地も押しつけられる「構造的差別」の不条理に対し、住民の立場に立って抗ってきた。東村高江地区周辺で強行された米軍のヘリコプター着陸帯（ヘリパッド）の移設工事の現場では、国策の名のもと、憲法を無視した警察などの行動が続き、その状況を監視していた地元メディアの琉球新報、沖縄タイムスの記者も、機動隊に腕をつかまれ、拘束される事件が起きた。こうした権力の暴走に対して、二紙が紙面でも抗議を展開し、くい止めていた。

「押し込まれたら、同じ場所まで押し戻していかないといけない。ほっとくとそのことが固定化されてしまう」

沖縄タイムスの阿部岳（たかし）編集委員の言葉だ。自分が体験してきた官邸を中心とする政治部の取材より苛烈な現場だった。新聞労連が首相官邸の記者会見問題に関するアクションを起こした際には、琉球新報、沖縄タイムスの二紙の編集局長が賛同してくれた。日本のジャーナリズムのあり方を牽引する存在だった。

地域や市民にねざすという原点に立ち返り、市民社会の幹を太くする。

権力からの独立性を保とうとしている組織ジャーナリズムをきちんと生かしていく。

そうした次の軸が見えてきた。

当初は、琉球新報、沖縄タイムスの沖縄二紙体制を維持していくために、自分に何かできることがないだろうか、という話から始まったが、いつしか、琉球新報に入社する方向になり、沖縄に拠点を移すことを決めた。

再び戦争のためにペンを取らない

沖縄には新聞が途絶えた場所が残っている。

再建が進む首里城正殿の下にある「留魂壕」だ。沖縄戦を指揮した旧日本軍第三二軍の司令部が南部に撤退する一九四五年五月末まで『沖縄新報』を発行する拠点だった。

沖縄新報は一九四〇年一二月、琉球新報、沖縄日報、沖縄朝日新聞の三つを統合してできた日刊紙だ。

光輝ある紀元二六〇〇年を迎へ大政翼賛運動の力強き発足に当り県下三新聞社は新体制に即応して来る一二月一五日より新たに沖縄新報を創刊し三新聞は欣然その傘下に合同することになりました。新しい沖縄新報は組織ある統制と清新なる計画性を以って県民に対し豊富なる報道と適切なる指導を以つて、高度国防国家の建設へ微力を尽し、併せて県勢の振興と文化の発展に貢献しやうとするものであります。

一九四〇年一二月六日付の琉球新報に載った「共同声明」には、「戦争する国に協力する新聞」を掲げた歴史が刻まれている。

留魂壕の前では、先輩記者から若手に「戦争に加担し、県民を戦場に動員した報道の反省、県民を戦場に駆り立てていった戦争責任を負っている」と継承されている。沖縄では戦後も、歴史を忘れ権力に迎合した新聞は長続きしなかった。

その沖縄が再び戦場になる危険性が高まっている。

「南西諸島防衛」の名のもとに米軍と一体化した自衛隊の配備強化が進み、敵基地攻撃能力を持ったミサイルまで配備される予定だ。防衛省のシンクタンクである防衛研究所は、二〇二一年度にまとめた中国との戦闘を想定した研究報告書のなかで、中国からのミサイル攻撃を受けることを前提に、残存兵力で中国を阻止する戦略を提言した。海上での阻止を想定しているが、第三二軍司令部が遂行した「戦略持久戦」の再現であり、本土決戦の準備のための時間稼ぎに住民に多大な犠牲を強いた沖縄戦の過ちを彷彿とさせるものだ。

軍事要塞化とともに、政治家が「台湾有事」を煽り、自民党の麻生太郎副総裁に至っては「戦う覚悟」とまで言いだした。情報・教育・経済などへの統制を強化する法整備も進む。コロナ禍の緊急事態宣言も経験し、有事的な体制への抵抗感は弱まっている。

琉球新報は、一九四四年の第三二軍創設から八〇年となった二〇二四年三月二二日、「戦

争止める報道　県民とともに」と題した社告を出した。

住民の四人に一人が犠牲となった、一九四五年の沖縄戦は二〇二五年に八〇年の節目を迎えます。そんな中で政府は「台湾有事」をにらみ、沖縄の軍事要塞化を進めています。沖縄で進んでいる事態に対し「戦前が始まっている」との指摘があります。琉球新報は戦後八〇年を見据えながら、戦争を繰り返させない決意の下でキャンペーン報道を展開します。沖縄戦を指揮した第三二軍司令部が創設されてから八〇年となった本日から、「新しい戦前」といわれる状況を踏まえ、戦争を止めるにはどうすべきか、キャンペーンを通して県民と共に考えていきます。

「新たな戦前」を生きる当事者として、いかに正気を保ち、一人ひとりのささやかな自由を大切にする社会を維持していけるかという課題が突きつけられている。

そこにこそ、過去の戦争責任の原罪を意識する新聞の存在意義があるのではないだろうか。「二度と戦争のためにペンを取らない」という原点だ。

青木理×南彰

対談

青木 理（あおき・おさむ）
ジャーナリスト、ノンフィクション作家。一九六六年、長野県生まれ。一九九〇年、共同通信入社。大阪社会部、成田支局などを経て社会部記者。警視庁の警備・公安担当、ソウル特派員を経て、二〇〇六年に独立。雑誌や書籍などでノンフィクション作品を発表する一方、テレビやラジオのコメンテーターなどとしても活動。主な著作は『日本の公安警察』（講談社現代新書）、『北朝鮮に潜入せよ』（講談社現代新書）、『国策捜査』（角川文庫）、『絞首刑』（講談社文庫）、『ルポ　拉致と人々』（岩波書店）、『トラオ』（小学館文庫）、『誘蛾灯』（講談社＋α文庫）、『安倍三代』（朝日文庫）、『時代の抵抗者たち』『時代の異端者たち』（河出書房新社）。

この対談は二〇二三年一一月一二日に行なわれました。初出は『熱風』二〇二三年一二月号です。

青木　南さんが先ごろ朝日新聞を辞め、しかも転職先が沖縄の地元紙・琉球新報だったことがメディア業界でかなりの話題になっています。さらには朝日を退職するにあたって南さんは社長や役員、あるいは同僚だった記者らに一斉メールで文書メッセージを送り、その中身が各メディアなどで相当センセーショナルに報じられています。

ですから今日はなぜ朝日を辞めることになったのか、なぜ転職先に沖縄の新聞を選んだのか、そして南さんが退職時に発したＡ４判で数枚分の文書に込めた真意は何だったのか、じっくりと伺いたいと思っているのですが、他のメディアからも取材やインタビューの依頼がかなり寄せられているんじゃないですか。

初めて語る退社の思い

南　退職届を出した直後から『週刊文春』などが取材をかけてきて、話を聞きたいとかインタビューをさせてもらえないかとか、いろいろな申し出はいくつも来ていました。ただ、センセーショナルな話題として取り上げられて騒ぎになるのは僕の本意ではありませんし、まずは朝日新聞の上層部や同僚が僕のメッセージを受けとめ、真剣に考えてもらいたいと心から思って、退職日に合わせて社内向けメールであの文書を送った、というのが経緯です。

ですからインタビューという形で僕の想いを語るのはこれが初めてです。『熱風』という媒体で青木さんのインタビューを受ける形なら、メディアやジャーナリズムを取り巻く問題も含め、じっくりと一緒に考え、伝えられると思ったものですから。

青木　ありがとうございます。とはいえ、社内向けに送った文書はすでに外部に洩れ、その中身が文春オンラインなどで詳細に、しかも相当センセーショナルに報じられてしまっていますよね。南さんも手練の記者だから、これはある程度想定していた事態でもあるんでしょう。

南　まあ、朝日の情報はよく文春に流れますからね……。ただ、あのメッセージ自体はあくまでも対外的に出すことを想定したものではなく、実際に僕からは現在も対外的に公表してはいません。

青木　一方ですでに文書の内容も報じられていますから、その中身にも触れつつ率直な思いを聞いていこうと思いますが、そもそも朝日退職を決めたのはいつだったんですか。

南　辞めるかどうかについては相当悩み、青木さんにも相談しましたし、ギリギリまでどうするか考えていたのですが、最終的に退職届を社に正式提出したのは今年（二〇二三年）の七月一〇日でした。

青木　確かに僕も相談を受け、「南さんのような記者が朝日にいるのが大事なんだ」「だから辞めないで踏ん張れ」とアドバイスした記憶がありますが（笑）、最終的に退職という判断に至ったのはいったいなぜか。また、転職先として沖縄の新聞、琉球新報を選んだのはなぜか。これまで地方紙の記者が朝日に転職する例は数え切れないほどありましたが、朝日を辞めて地方紙に転職するというのはかなり異例でしょう。

朝日新聞はあまりに後手

南　僕自身、いまでも朝日新聞は基幹メディアとして果たしていくべき大切な役割があると思っています。朝日が戦後日本のリベラルな言論空間の軸になってきたのは間違いありませんし、戦前戦中の教訓をふまえて考えても、朝日が変質すると言論状況全体が悪い方向に進んでいってしまいかねない。

　ですから朝日が崩れていくのは良くないと、これはいまでも心から思っていて、だからこそ退職にあたって精一杯のメッセージを朝日の上層部や同僚に発信しようと考えたんです。

　しかし、まずは最近の新聞業界の全体状況を俯瞰した場合、もう一方の軸を担ってきた読売新聞との差が広がりすぎてしまっています。部数の面で特にそれは顕著ですし、先を見据えた経営戦略という意味でも、読売に比べて現在の朝日の状況は相当に深刻です。

青木　そのあたり、南さんが発信した文書メッセージにも問題意識が記されていますね。日本ABC協会の最新データによると、読売新聞の朝刊発行部数は現在、朝日はもちろんだけれど他の全国紙の毎日、産経をすべて合わせた部数を上回り、すでに読売が〈突出〉した状況になってしまっていると。

南　これは僕がいまさら指摘するまでもなく、メディア環境の激変に伴ってメディア業界、特に新聞業界は未曾有の再編期に突入していきます。だからこそ読売は将来をにらんでさまざまな仕掛けを施し、自らの陣地を広げようと躍起になって動いている。それはかつてない激変の再編期、業界のトップであれば「再編される側」ではなく「再編する側」として次の時代の主導権を握れると考えているからです。

ですからメディアやジャーナリズム機関としての姿勢や評価は別としても、その点で読売の現経営陣は一定の見識、経営的な先見性を持っていると僕は思います。それに比べると、現在の朝日はあまりにも後手に回ってしまっている。リベラルメディアの雄と位置づけられてきた新聞として仲間を増やすこともできていない。

そうした状況下、朝日が果たすべき役割は重要だと思う一方、少し違う形でリベラルな言論空間と、それを担う新しいニュースの生態系をつくっていく必要もあると僕は思っています。そのなかの選択肢として沖縄の新聞があり、沖縄に二つある新聞の一つである琉球新報が僕の活動の場としてふさわしいのではないかと考えました。

南　というと？

青木　ご存知の通り、沖縄の新聞は自由度が比較的高く、何よりも米軍基地問題などをめぐって日米両政府の非常に強いプレッシャーにさらされています。そのなかでもきちんと地元に寄りそいつつ戦い、言論の自由であるとか、ジャーナリズムの役割を果たそうと実践している。

南　それはまったく同感ですが、とはいえ新聞社の経営状況はどこも苦しく、沖縄の二紙だって例外ではないでしょう。特に琉球新報は厳しい状況にあると聞いているけれど。

課題に向き合えていない上層部

南　大変ですよね。一部では、沖縄の二紙も再編されて一紙しか残らないのではないか、と懸念する声もあります。しかし、やはり沖縄が現在置かれている状況を考えたとき、地元の新聞が一紙だけになってしまうのは好ましくありません。琉球新報はもちろん、ライバルの沖縄タイムスも非常に立派な新聞ですし、信頼する記者もたくさんいますが、沖縄の新聞が一紙だけになると政権や批判者の攻撃がそこに集中し、巨大な圧力に太刀打ちできなくなってしまう可能性もある。

青木　だから沖縄の新聞を、そして琉球新報を転職先に選んだと。

南　そうですね。厳しいなかでも地域の声を代弁し、必死にジャーナリズムの役割を果たしている沖縄の新聞二紙と、琉球新報のために多少なりとも僕が役に立てるのであれば、という思いと、僕自身、沖縄が置かれた厳しい状況のなかで取材することが、記者としての力量を高めることにもなるとも考えました。

青木　気持ちはよくわかりました。一方で僕は、南さんには朝日新聞でもっとがんばってほしい、という思いも確かにありました。

これは南さんから相談を受けた際にも言ったと思いますが、若くして新聞労連の委員長を務めた南さんは、新聞業界が置かれた厳しい状況を労組トップの立場から俯瞰したわけです。しかもその後、朝日の政治部に戻って活躍していたことを考えれば、これから編集幹部や経営側の立場になっていく可能性を含め、朝日を内部から変えるというか、リベラルメディアの雄たる朝日を内部から再構築していくような役回りを期待したいところもあったんです。

でも、南さんが退職時に発したメッセージを読むと、とてもそんな状況ではなかったようですね。〈新聞労連から朝日の職場に復帰してからの三年あまりは、朝日の変質に危機感を募らせる社内外からの相談を受け、連日、大量の泥水を飲むような感覚でした〉と書かれている。

後ほど詳しく聞きますが、唖然とするような出来事もあり、ついには〈絶望感ではなく、絶望しかない〉という心境にまでなってしまったと。

南　ええ。どこの組織も同じではあると思いますが、現在の朝日内部でも権力闘争はあって、上層部にはそうした面での緊張感はあります。しかし、一方で朝日がいま喫緊に取り組まなくてはならない課題、リベラルな言論の軸として取り組まなければならない課題にまったく向き合えていない。一刻も早く取り組むべき課題が山積しているのに、上層部の意識も体制もまったくそうなっていない。これでは厳しい。

デジタル社会に対応する再編

南　もちろん朝日の内部にいないとできないことは、たくさんあると僕も思います。朝日自体を変えるには、何らかの形で内部に残る必要もある。ただ、これまで朝日が代表してきたものをきちんと次世代に、リベラルな言論の軸を次世代の報道、ジャーナリズムの世界に伝えていくためには、朝日だけでなくもっとウイングを広げないと難しいのではないかと思うようになりました。だから〝脱藩〟する必要があるな、と。

青木　余談になってしまいますが、僕ももともとは大手の通信社に記者として在籍し、もう二〇年近く前に退職してしまったけれど、自分がやりたいことをやりたいから組織を離れた面が強かった。でも南さんは、自分がやりたいことはもちろんたくさんあるんだろうけれど、むしろメディア環境の激変という現状下、崩れ落ちてしまうかもしれないリベラルメディアの砦をどう守るか、あるいはどう再構築していくかを考えて退職した、そんな思いのほうが強いということですね。

南　そうですね。それが主ではありますが、その担い手になるには記者としての自分自身にもさらに磨きをかけなければならず、その場として沖縄の新聞を選んだつもりです。つまり二つの意味で琉球新報はいまの自分にふさわしいのではないかなと。

青木　では、現在のようなメディア環境の激変期、リベラルを軸とするメディアは何にどう取り組むべきか、少し具体的な面に入っていきたいのですが、この点でも南さんは退職時に発した文書でかなり細かく言及していますね。

南　はい。言うまでもなく、もはやメディアは否応なくデジタル社会に対応した再編に向き合わざるをえません。従来は新聞やテレビを中心とした既存メディアが主導権を握っていましたが、まずは巨大ＩＴ企業のプラットフォーマーとどう向き合うか。むしろ巨大プラットフォーマーのほうが圧倒的な力を持つ状況下、メディアとジャーナリズムが守るべきルールをどう構築していくか。自分たちのニュースや報道をどう届けていくかのルールメイキングが必要になってきます。

その際、いったい誰が主導権を握って新たなルールをつくっていくか。新聞業界では、読売がすでにそれに取りかかっています。象徴的だったのは今年の一〇月、読売グループ本社とＬＩＮＥヤフーが出した共同声明です。インターネット上の記事やＳＮＳなどで起きるプライバシー侵害を防ぐ取り組みを、日本最大級のユーザーを持つＬＩＮＥヤフーと読売が一緒に行なうと宣言したんです。

読売主導のルールメイキング

南　もちろんインターネット上のプライバシー侵害や各種の人権侵害は重大な問題です。さまざまな工夫や努力によってそれを防ぐ必要があるのも当然です。

しかし、安易な形で防止策づくりのみを進めていくと、メディアとして報じるべきことが報じられなくなってしまう恐れも出てきます。たとえばジャニーズ事務所の創業者、ジャニー喜多川氏による性加害問題などは、事案の性質上もきわめて微妙なプライバシー問題を含みますよね。つまり、どのようなルールをつくるかによって、報道やネットメディア上での記事掲載が不当な形で制約されてしまう可能性も出かねません。

青木　しかも権力者や強者の圧力によって。

南　そうです。ですから、こうしたルールづくりというものは本来、メディアやジャーナリズムの原則、見識などもふまえ、もっと広いメディアの枠組みのなかで一緒に議論していかなければならないテーマのはずです。なのに読売が巨大プラットフォーマーと組んでルールメイキングを主導しはじめてしまっている。

　ちなみに今年六月から朝日の中村史郎社長が日本新聞協会の会長を務めていて、本来ならばせめて新聞やテレビ各局が加盟している日本新聞協会がその役割を担うべきでしょう。いや、もっと広範なメディア、言論機関が関わるべきだという声だってあるでしょう。

　ところが現在は発行部数も市場シェアも突出した読売が主導し、日本最大級のプラットフォーマーとルールを決めようとしはじめている。同じようなことは他にも起きているし、今後もっと起きてくる予兆と捉えるべきでしょう。

青木　そのあたりのメディア経営やデジタル関連の話、僕は非常に疎いんですが、南さんは新聞労連の委員長として労組側の立場からメディア業界全般を俯瞰し、深い問題意識を持っていますね。やはり退職時に発した文書では、ネット上のフェイクニュースや虚偽広告などを抑止するデジタル技術も読売と電通が一緒に推進しはじめている、と指摘されていました。

南　「オリジネーター・プロファイル（ＯＰ）」と呼ばれる技術です（本書第2章）。この技術を実用化するための研究組合が結成され、そこには朝日新聞も加わる形にはなっていて、今年一月の組合結成時には経営側から編集局に「社告を載せてくれ」という指示が下りてきました。これはすでに固まった話で、経産省の記者クラブで今日発表する段取りになっているから社告を載せてくれ、と。

問われる経営陣の見識

南　しかし、実はこれも実態は読売と電通が主導して進めているプロジェクトなんです。しかも社の経営や編集にも直結しかねない技術開発なのに、読売から持ちかけられた話をすんなりと受け入れ、大した議論もないまま安易に乗ってしまっている。

果たしてそれでいいのか。決まったことだと事後的に指示を出すのではなく、少なくとも編集局を含めてきちんと議論を尽くし、懸念や問題点を払拭しておくべき課題でしょう。

青木　社の経営や編集にも関わる重大課題であれば、メディア組織としての中核である編集局がまったく関与せず、蚊帳の外に置かれるのはやはりマズい。

南　ええ。メディア環境の激変とデジタル化に伴ってさまざまなルール変更が必要になっている最中、そこでジャーナリズム組織として、あるいはメディア業界としていかにきちんとしたルールをつくりあげていくか。少なくとも政治権力や資本の論理につけ込まれたり、恣意的に操作されたりしないようなルールをつくっていかなければならない重大局面なわけです。

ですから、これは危ないのではないかというルール変更に眼を光らせて芽を摘み、健全なメディアやジャーナリズムを持続させる方向でのルールづくりを主導する、まさにリベラルメディアの雄である朝日としての主体性や経営陣の見識が問われているわけです。
　しかし、現在の経営陣にそうした主体性や見識、問題意識はほとんど感じられません。一方で読売の現経営陣は、経営者としては間違いなく優秀なのでしょう。そのペースに完全に飲まれてしまっているのが最大の問題です。

青木　もう一つ、これも南さんが文書メッセージで言及されていましたが、二〇一九年に消費税が一〇%に引き上げられた際、新聞が軽減税率の対象に含められました。そのことの是非はとりあえず脇に置くとしても、その背後で強い政治力を発揮して新聞を軽減税率の対象に含めさせたのは読売だったと言われています。
　また、二年ほど前に国内最大級の新聞輪転機メーカーが投資ファンドに敵対的買収戦を仕掛けられた際、この買収を防ぐ役割で主役を担ったのも読売だったと南さんは指摘していましたね。

南　その通りです。つまり、メディアが未曾有の再編期に直面している最中、率直に言って読売と朝日では経営者の格も見識も違いすぎる。

青木　これは余談になるのかもしれないけれど、いわゆる慰安婦問題報道をめぐって二〇一四年に起きた猛烈な朝日バッシングの影響も大きいのでしょうね。

朝日バッシング

青木　もちろんメディアにとって誤報は言い訳の余地のないミスであり、それを訂正した朝日が批判されるのは当然です。ただ、慰安婦問題そのものが虚構だったわけではもちろんなく、誤報だったのは慰安婦問題報道をめぐる一部の記事にすぎません。なのに朝日憎しに凝り固まった安倍政権の意向なども背景とし、ここぞとばかりにライバル紙の読売なども朝日叩きに走り、一種異様な朝日バッシングのムードに覆われました。

しかもこれに池上彰さんのコラム不掲載問題といった朝日経営陣のミスなども重なり、当時の社長をはじめとする経営幹部、編集幹部が総退陣、総入れ替えに追い込まれた。その影響が強く尾を引いている面もあるでしょう。

南　それも大きいですよね。未曾有のメディア再編期という困難な時代、これからのメディアがどう進んでいくのかを総合的に考えなければならないのに、本来は経営幹部になるべきだった人がいなくなり、そこまで深く考えてきていない人たちが経営陣に就いてしまった、そういう面は間違いなくあるでしょう。しかもそういう人たちが社内の権力闘争にうつつを抜かしている。

と同時に、二〇一四年の問題を契機とし、同じような事態を二度と引き起こさないというのはもちろん重要にせよ、あれから一〇年近くが経つなかで過剰な危機管理を重視する風潮、そしてそれを主導する上層部が台頭し、ある意味でそれが完成形を迎えてしまったという感もあります。

青木　二〇一四年の猛烈なバッシングが朝日を直撃し、それによって社内の自由闊達な雰囲気が急速にシュリンクし、管理強化のムードと体制が急速に強まっていったということですね。南さんが社を去る決断をした最大の理由もそこにあるでしょうから、もう少し詳しく状況を聞かせてもらえますか。

南　二〇一四年問題が起き、社内で管理重視派が重用され、台頭しはじめたのは間違いありませんが、それでも当初はこれまでと同様、朝日らしい報道を守っていかなければいけないというムードも残っていたように思います。ピンチの時こそリベラルな朝日らしさが重要だと、そう考える人たちと一種の拮抗状態がありました。

たとえば森友学園、加計学園問題などをめぐる報道の頃まではそういう状況だったと思います。

青木　確かに森友・加計学園問題などをめぐる報道では朝日が重要なスクープをいくつも世に放ちましたね。森友学園に国有地が格安で払い下げられた問題をいち早く報じたのは朝日だったし、安倍元首相が「腹心の友」と公言していた理事長率いる加計学園の新学部設置認可をめぐっては、これを「総理のご意向」と明記した文部科学省の内部文書を朝日がスクープした。

社内が強い萎縮ムードに

青木　また、森友学園への国有地売却問題をめぐって財務省の公文書が改竄されていた事実を特ダネとして報じたのも朝日でした。まあ、他のネタでは「文春砲」にやられっぱなしだから、全体状況として新聞の体たらくは情けないけれど、それでも朝日は一定の気を吐いていた感はあります。

南　おっしゃる通り、特に森友・加計学園問題などをめぐっては、社会部などを中心とする優秀なメンバーがガッチリと脇を固めたうえで大切な報道を繰り広げ、政権を監視するとか政治権力と対峙するという意味ですばらしい成果を挙げました。逆に言えばこれらは、地検特捜部といった捜査機関などを取材してきたノウハウも応用し、役所内の文書に書かれていた内容を提示するという手堅い方法だからできたという面もあったと思います。

しかし一方、上層部に台頭する危機管理重視派が取材や記事の細かな点をあげつらい、人事で記者を飛ばすといったことも繰り返され、社内が強い萎縮ムードに染まっていったのも間違いありません。

結果、朝日としてリベラルな価値観を守っていくような報道、たとえば教育分野であるとか思想信条の自由、あるいは政権に批判的な市民の動きに関するような報道については、これは書くべきじゃないとか、ちょっと待ったほうがいいとか、朝日としての言論の軸に関わるような重要部分でどんどん萎縮が広まってしまいました。

青木　もう少し具体的なケースで言うと？

南　典型的だったのは旧統一教会（世界平和統一家庭連合）をめぐる報道でしょう。

青木さんもご存知の通り、旧統一教会をめぐる報道を歴史的に振り返れば、その無茶で強引な高額献金や霊感商法といった数々の反社会的な問題を最も熱心に報じてきたのが朝日だったわけです。

しかし、昨年（二〇二二年）七月に安倍元首相が殺害されるという衝撃的事件が発生した直後、これは朝日だけではありませんでしたが、犯行の大きな動機となった旧統一教会の問題に踏み込むことを一瞬ためらってしまった。

また、旧統一教会と安倍政権、あるいは与党内の右派勢力との関係が大きな焦点となった際、たとえば政権や与党の復古的なジェンダー政策、家族政策などに旧統一教会がどのような影響を与えたのか、そうした評価の部分について踏み込む報道はなかなか難しい状況になっていました。少なくとも二〇一四年以前と比べ、そうした報道のハードルが相当に高くなってしまったのは間違いありません。

青木　そういえば南さんは、旧統一教会をはじめとする宗教右派勢力が政権や与党のジェンダー政策、家族政策などにどのような影響を与えたか、それを取材する朝日の社内チームのキャップを任されていたでしょう。そうした立場から見て、出すべき原稿がなかなか出せないような状況になってしまったということですか。

南　苦労しました。現場の記者はがんばっていましたが。

失われた自由闊達な雰囲気

南　現在は編集局長室が肥大化し、何でも局長室にお伺いを立てる形です。原稿も事前に何度も何度も輪読し、ひどいケースだと「てにをは」一つを直すのに二時間もかけたり、最近はそんな状況になっているわけです。

もちろん、そうしたチェックによって大切な指摘を受けることもあります。しかし一方、現場記者のみずみずしい感性や問題意識とか、それをスピーディーに取材して報じるとか、そうした自由闊達な雰囲気は確実に失われます。

記事を差配するデスククラスにしたって、局長室に原稿を持っていって一時間も二時間も待たされ、細々と一行ずつ指摘を受けるなどということを繰り返されれば、またこんなことを言われたとか、今度はあんなことを言われるんじゃないかとか、どんどんディフェンシブになってしまうのも無理はありません。しかも管理重視派の幹部は、権力を持つ側から文句をつけられないような原稿にするのが目的なんですから。

青木　そのあたり、特に朝日の場合、悩ましいところはありますよね。あれほど猛烈なバッシングを浴び、時の政権にも目の敵にされるなか、重要な記事であればあるほど揚げ足を取られないよう脇を締める必要はある。

一方で日々の締め切りといった時間にも追われつつ果敢な調査報道や特ダネを放とうと取り組めば、常に危うい部分をはらみつつギリギリの判断が瞬時に求められる場合だってある。本来はそうした際にこそ編集幹部の覚悟と矜持が問われるはずなのですが。

南　同感です。もちろん僕たちは常に間違いを犯すリスクを負っている。ですから、特に報道機関として時の政権と対峙するような場合、きちんとした危機管理は必要だという点に異論はありません。そして報道にあたっては最善の取材を尽くし、さまざまな指摘は真摯に受けとめ、必要があれば議論をして修正していかなければならないのは当然です。

そうやって日々良い記事を出していくのが健全な形なのに、最近の朝日は管理の風潮ばかり強まり、闊達な議論が影をひそめ、本来必要な判断を瞬時に下すことすらやめてしまっている。

加えて言えばコロナ禍の影響もありました。それまでの編集局の会議は各部の幹部が編集局長室に直接集まり、あるいはデスク会などでも皆が顔を合わせ、大阪本社などともつなぎながら闊達に議論していたわけです。

ところがコロナ禍でそうした会議の大半がオンラインに代わり、一方で編集局長室の一部幹部が各部の幹部やデスクを呼び出し、原稿について細々と文句をつけ、延々と修正させるようなことが横行するようになった。そこには編集担当役員らの意向も連なり、危機管理の名目で経営側が編集に事実上介入するような傾向も強まり、現場の自由闊達な議論がますます行なわれなくなりました。

そうなってくると、〝賢い人〟ほど上層部がディフェンシブなのを感じ取り、自らの振る舞いをそれに合わせていくんです。

青木　どういうことですか。

経営と編集の分離

南　「こんなふうに書くと危ないんじゃないでしょうか」とか、「また朝日がこんなことを書いてると言われませんか」とか、そんなことを進言する〝賢い人〟ほど社内的に評価され、重用され、ますますそういう態度や発言が増え、勢いを増していく。結果、紙面や報道自体がどんどん丸くなり、果ては何が言いたいのかわからないような記事になってしまったりしている。

青木　なるほどね。ただ、二〇一四年問題が巻き起こった際、僕などは朝日が読売などよりはるかに健全だな、と感じたことも多かったんですよ。

たとえば池上さんのコラム掲載を見送った問題については、その判断に幾人もの朝日の現場記者たちが自身のSNSなどで抗議や批判の声をあげたでしょう。こんなこと、社内の管理統制のきつい読売では考えられない。

また、その際には編集と経営の分離というメディア組織の大原則も論議の的になりました。池上さんのコラム掲載見送りは、当時の社長の意向を受けた編集担当役員の判断だったとされ、これは編集に対する経営の不当な介入だと問題視され、そうした声をあげる朝日の現場記者も多くいました。

結果として朝日内でも、編集と経営の分離原則の重要性が一応は再確認されたわけですよね。この点でも、社内で絶大な権限を持つ「主筆」が「代表取締役」を兼務することに何のためらいもない読売などに比べれば、朝日のほうがはるかに健全で真っ当だと僕は思いました。

南　ええ、あの問題を受けて経営が編集に介入するのは許されないという原則を再確認し、それでやっていきますと一応明確に決めたのは不幸中の幸いでした。ところがこれも危機管理重視派が社内で台頭するなか、最近はかなり形骸化してしまっています。

青木　というと？

南　これも象徴的だったのは旧統一教会問題をめぐる報道です。特に安倍元首相への銃撃事件が二〇二二年七月八日に発生した際、夜の編集会議に編集担当役員が自ら乗り込んできて、森友学園や加計学園問題ばかりを紙面で強調するなとか、記者たちのＳＮＳ発信は命取りになりかねないから控えろとか、朝刊紙面の編集方針を話し合う編集局の会議であれこれ指図して。

現場のデスクや記者もいる会議に経営側でもある編集担当役員が乗り込んでくるのは異例でしたが、ある意味ではそれが露骨に行なわれたにすぎないということでもあったと思います。

青木　それ以前からその兆候はあったと。

南　編集担当役員が日常的にメールなどを編集局長に送り、あれはどうなったとか、これはこうしろとか、いろいろな指示を出しているのは、誰もが薄々わかっていたことでしたからね。

結果、二〇一四年問題を受けて一応は再確認された経営と編集の分離、編集局の独立といった原則すら、そうやって完全に形骸化してしまいました。重大事件にあたって脇を締めて報道するのは必要にせよ、編集担当役員が編集会議にまで直接乗り込み、その結果として旧統一教会問題の報道をめぐる初動の出遅れにつながってしまったのは明らかなわけですから。

管理強化

青木　もう一点、管理強化という面で言うと、社外活動規制の動きについても触れておかないわけにはいきません。これは朝日が先鞭をつけてメディア各社に広がっている動きですが、記者が社外で言論活動をしたり、書籍を出版する際の管理や規制が極度に強まっていますね。

たとえば書籍の場合、記者個人が書いた作品でも著作権を会社に帰属させ、印税なども会社が一部をピンハネする。それればかりか、ゲラ段階で会社が内容のチェックをするなんていうことまで行なわれはじめている。

あらためて指摘するまでもなく、報道機関として言論や表現の自由を断固擁護するべき立場のメディア組織が、所属する社員の言論や表現活動を規制し、監視するなどというのは自殺行為でしかありません。

なのにこうした動きが出ているのをどう捉えるべきか。新聞社の経営が軒並み窮地に陥るなか、所属する記者個人の活動から生み出される利益まで社が貪欲に吸いあげようとする、まさに貧すれば鈍するといった発想からきているものなのか、やはりこれも極度の管理強化重視の側面のほうが強い動機になっているのか、あるいはその双方か。

南　まあ、両方あるとは思いますが、管理強化の側面のほうが圧倒的に強いんだと思います。最近の朝日の場合、記者の社外出版についてはすべて編集局長室で事前にチェックし、承認したものしか出せないというルール変更が行なわれました。これこそが本丸で、ここをやりたかったのが本音なのでしょう。

青木　その点、やはり南さんが退職時に発した文書メッセージでは〈朝日らしさを押し潰す管理強化の象徴〉と批判し、そのうえでこんなふうに指摘していますね。

〈憲法が保障する表現の自由や思想信条の自由を踏みにじるもので、極めて問題が大きい〉〈今後、朝日の社員が出す作品は激減するでしょう。なにより、自らの足元で権力者の顔色をうかがい、自由を簡単に手放す集団は、市民が自由を奪われていくことへの感度も鈍り、決して社会の自由な気風を守っていく砦になることはできません。すでに複数のメディアで問題視されているのは、これが特定個人の問題ではなく、朝日新聞が今後もリベラルなメディアとして名実ともに存在できるのかどうかの岐路に立っているとみているからです〉

ここに書かれている通りだと僕も思いますし、再びライバルの読売を引き合いに出せば、朝日などよりはるかに管理体制の強固な読売では、そもそも記者個人の社外出版や書籍の執筆自体がきわめて稀です。

一方の朝日や、これは毎日新聞や共同通信あたりも同様ですが、所属記者たちがそれぞれ自由闊達に情報を発信し、議論し、だからこそ朝日では池上コラム問題などで現場記者たちが自社幹部を批判することもできた。また、記者たちがそれぞれの取材成果を自社の記事で書く一方、書籍などの形で広く発表していくことは、多様な情報が流通するという意味で市民社会にも有用です。

そうした自由闊達さを保つことはリベラルメディアとして最も大切な価値のはずですが、それも管理強化のかけ声や風潮のなかで押しつぶされてしまいかけている。

南　そうです。もちろん僕にしたって、会社組織である以上は一定の管理はありえると思います。繰り返しになりますが、特に朝日の場合、何かと批判の的となって衝突が起きやすい面もありますから。

〈絶望〉と書くしかなかった

南　しかし最大の問題は、管理強化だけがひたすら進められ、そこに一切の理念が感じられないことです。ただ単に会社や経営陣が自らを守るための保身に汲々としているだけ。朝日新聞というメディアが今後もいったい何をめざし、何を守るための報道機関として存立していくのか。リベラルな言論や市民の自由をきちんと尊重する社会を築くための報道機関だという理念、大義がきちんと息づき、経営陣がそうした感覚を持っていれば、組織として一定の管理がたとえ必要だとしても、自ずから適正な範囲や枠内に収まってくるはずです。

ところが現在の経営陣や上層部にそれがなく、自らを守るために管理強化だけを進めている。だから真っ当な社員の多くも会社がおかしな方向に向かっていると感じていて、社外でもきちんと情報発信できるような社員ほど必然的に上層部と衝突しがちになる。

青木　実際に取材力や執筆力があって、社外でも認められるような書籍や作品を発表してきた記者が続々と社を辞めてしまっている。

南　本当に残念なことです。それでも企業としての朝日新聞社を見た場合、不動産を含めた資産などがあることを考えれば、組織としては今後も存続していくでしょう。ただ、それでは題字が朝日新聞として残ったとしても、これまでさまざまな読者にも支えられながら培ってきたリベラルな言論の軸としての朝日とは似て非なるものになってしまいかねません。
　ですからいまの朝日の経営陣が真剣に取り組むべきは、まずは新しいメディア環境におけるルールづくりなどを含めた戦略の部分。と同時に、何よりも朝日新聞は何のために今後も存在しつづけるのかという理念をきちんと社の内外に示すこと。その両面が欠けているから僕は〈絶望〉と書くしかなかったんです。

青木　〈絶望感ではなく、絶望しかない〉と、退職時のメッセージにそう記した南さんに尋ねるべきかどうか迷うのですが、朝日というメディア組織にはもう希望の欠片も残っていないとお考えですか。

南　まずは「絶望」ときちんと向き合うことです。朝日にはこれからも一緒に仕事をしたかった仲間もたくさんいましたし、いまも優れた記者がいっぱいいるのは間違いありません。あのメッセージは、そうした人たちに届けたい、届けなければいけないと思って書いたので……。

青木　メッセージを真剣に受けとめて踏ん張ってほしい、ということですか。最後にもう一点、これもやはり聞いておく必要があると思います。
　その退職時の文書メッセージのなかで、南さんは一つの具体的エピソードを記しています。まさに安倍元首相が殺害された昨年七月八日の深夜のこと、参院選報道を仕切っていた先輩デスクに関わるエピソードで、南さんはこう書いています。
　〈参院選報道を仕切っていた先輩デスクが突然、ニタニタしながら近づいてきて、「うれしそうだね」と話しかけてきたのです。人の命を暴力的に奪う殺人と、言論による安倍政権批判との区別もつかない人物が、報道の中核を担っている状況に慄然としました。「あなたのような人間はデスクの資格がないから、辞めるべきだ」と指摘しましたが、「僕、辞めろって言われちゃったよ」と茶化され、その後もしつこくつきまとわれました〉

壊れはじめた報道現場

青木　これは確かに唖然とするほど愚劣な振る舞いですし、南さんが心底から怒りを覚えた気持ちはよくわかります。ただ、ある意味でこれは非常にグロテスクすぎるエピソードで、文春オンラインなども南さんが発した文書メッセージのこの部分にフォーカスを当て、かなりセンセーショナルな記事に仕立てていました。

結果として南さんが避けたかったセンセーショナリズム的な取り上げ方をされ、人によっては個人的恨みを晴らすために書いたのではないか、と勘ぐった見方をされてしまう恐れもあるでしょう。それでもこのエピソードを明かしたのにはどんな想いがあったんですか。

南　問題の先輩デスクは、僕が安倍政権に批判的な記事を書いてきたからあれほど愚劣なことを軽々しく言い放ったわけです。しかし、メッセージにも書いた通り、人命を暴力によって奪う殺人行為の重大性と、言論による政権批判の区別もつかない人間が報道の仕事に関わっていていいのか、という怒りや問題意識がまずはありました。

と同時に、これは朝日の社内に限った話ではありませんが、時の政権や権力者を批判したり、必死に声をあげて抗議する人々を冷笑し、茶化し、嘲るような風潮がいまあちこちで蔓延していますよね。

青木　ええ。さまざまな市民運動にせよ、まさに沖縄の米軍基地建設への抗議運動にせよ、市民社会のなかで必死で声をあげている人たちを冷笑し、茶化し、嘲るという、本当に嫌な風潮には僕もうんざりしています。

南　残念ながら、そうした風潮が朝日のなかでも蔓延しはじめているのではないか、これもやはり二〇一四年問題以降、どんどんと膨らんでいて、心ある後輩も苦しんでいます。

今回のケースで言えば、たまたま自分がその毒に触れてしまったわけですが、市民社会でいろいろな声をあげている人々がそういう形で冷笑される風潮が強まるなか、記者でもある僕がそれと向き合わなかったり、ましてや冷笑を容認してしまえば、これは記者としての役割を果たしたことにはならないでしょう。

さらに言えば、この出来事は、報道機関のなかで最も基本的なことが、それを支える現場記者たちのレベルで壊れはじめているのではないか、その明確な兆候の一つではないか、とも僕は感じたんです。それは戦略も理念もないまま管理強化だけに走る現在の経営陣の姿勢によって形づくられた風土のなかでより増幅していっているのではないか、と。

だとすれば、やはりそれだけは歯止めをかけないといけない。記事の出来が良いとか悪いとかいうのも大きな問題ではありますが、報道現場の一人ひとりも壊れはじめているなら、これはやはりみんなで問題を共有し、真剣に捉え返さないと、リベラルな言論機関を名乗る資格などありません。だから僕は問題視し、あえて最後のメッセージに入れたんです。

青木　なるほど。あのメッセージに込めた南さんの想いと熱意はよくわかりました。ところで南さんはすでに沖縄に居を移し、だからこのインタビューもリモートで行なっているわけですが、新天地となる琉球新報でのポジションはどうなるんですか。

南　記者兼編集委員ですね。

青木　ということは、再び現場を這いずりまわって取材し、書くべきことを書いていくと。

南　そういうことになります。

青木　朝日のような巨大な全国紙と違って組織も小さいし、苦労も多いと思うけれど、逆にやりがいも大きいですよね。まして沖縄は、米軍基地問題をはじめとし、ジャーナリズムが取り組むべき課題が山積している地でもあります。そしてリベラルなメディアのウイングを広げ、それを再構築していきたいという南さんの今後の健筆と活躍を心から期待しています。僕も沖縄は年に何度も取材で行くので、そのときはいろいろ教えてください。あと沖縄の美味い飲み屋も探しといてね。そこで再会しましょう（笑）。

南　はい、ぜひぜひ！（笑）

おわりに

二〇二四年の仕事始めは元日夜。この日起きた能登半島地震の号外を、那覇市のショッピングモールの前で配布した。

号外を受け取った四人組の学生が、新聞を見ながら被災地を案じ、周辺に立地する原発の状況を議論している。ＳＮＳ全盛の時代にかなりアナログな例かもしれないが、メディアの責務を体感する始動になった。

二〇二三年末は、東京地検特捜部が強制捜査に着手した自民党の「裏金」問題の報道が続いた。新聞・テレビが一斉に政権与党の問題を報道していることに「マスメディアが目覚めた」という声も聞くが、果たしてどうだろう。

「今回の政治資金の問題は、もともと『赤旗』のスクープ。調査報道が問題を顕在化し、民主主義を健全化する働きを持っていることが証明された」

そう語るのは、調査報道を専門とするネットメディア「スローニュース」を運営する瀬尾傑（まさる）氏だ。「ただ」と言って、新聞・テレビの状況について付言した。

「東京地検特捜部が動かなければ記事を書けない、という状況ではないことが一番重要だと思うんですよね」

瀬尾氏が関連して例に挙げたのが、ジャニーズ性加害問題だった。

「テレビの検証番組を全部見たが、『司法が動かなかったから、自分たちも動かなかった』というのが多い。本来、ジャーナリズムは司法と独立して動くもの。だから、司法の裏づけがないと動けないというのが今のメディアの課題です」

特にこの数年間、司法とマスメディアが同時に機能不全に陥ることを目の当たりにしてきた。典型が、第7章で触れた伊藤詩織さんが被害を受けた性暴力事件だ。首相に近い記者の逮捕状執行が見送られたとされるが、記者クラブメディアは、一連の捜査を検証していない。

いま、裏金問題を受けて、約三〇年ぶりの「政治改革」が叫ばれているが、この三〇年間に最も改革が遅れたのがマスメディアの世界ではないだろうか。

小選挙区制の導入や内閣人事局の設置などで首相周辺に権力を集中させる政治改革が進んだ。強大になった官邸が司法の独立性を歪めたり、メディアへの情報コントロールを強めたりすることは自明だったが、既存の記者クラブ制度に安住し、それらに対応した権力監視体制をつくるための抜本的な改革を怠ってきたからだ。むしろ、既存のビジネス基盤が揺らぐなか、自治体との包括連携協定のように、権力との関係性を深めて生き残ろうとするメディアまで出てきている始末だ。

政権基盤の弱い岸田政権のときに、検察とともに息を吹き返しているだけではいけない。その反動で「強い政治」を標榜するグループが権力を握り、司法まで掌握しようとしても、きちんと調査報道で権力監視を続けられる新たな報道集団をつくっていかないといけない。

スローニュースが二〇二三年に新たな挑戦を始め、フリーのジャーナリストのほか、地方メディアとも連携して、調査報道のスクープを続けているのは一つのモデルになる。

「地方メディアの現場の人たちは意識があって、いいスクープも出ているが、一方でお金や人、発信力の課題も抱えている。僕らがレバレッジをかけて、より深い取材や広く伝えていくことを手助けしていきたい」と瀬尾氏は話す。

ジェンダー、マイノリティ、格差などの報道に取り組む「生活ニュースコモンズ」も新聞社などで経験を積んだ女性記者たちの受け皿として立ち上がった。市民の側に立った新たな報道のネットワークをつくるため、多くの記者や編集者を抱えている新聞社は、その時代の要請に応えないといけない。

特に、第2章で取り上げた読売の「一強化」の現実をふまえ、次世代がジャーナリズムの実現へ切磋琢磨できる環境をつくっていくことが急務だ。

本書で取り上げた記者クラブの閉鎖性、懇談や「賭け麻雀」などのメディアの体質や職業文化は、新聞社が中心になってつくられてきた。そうした土壌から生み出される報道は、「濁ったペットボトルの水」とみなされるだろう。本書では、あえてデジタル社会に対応する技術論には触れなかった。次世代が働きたいと思える環境をつくり、市民社会から信頼される体質に生まれ変わってこそ、新しい技術を取り込んで生き残る資格があると考えるからだ。

メディアも、政治も、風頼みでは定着しない。朝日新聞からの「脱藩」を理解してくれた家族や、仲間として迎え入れてくれた琉球新報の皆さんに感謝しながら、民主主義を支えていく新しい情報の生態系を地道につくっていきたい。

「絶望からの新聞論」のタイトルは、朝日時代に「壁打ち相手」として最も頼りにした高橋純子編集委員のコラムから着想を得た。「絶望感」というふわふわした言葉ではなく、現在地を「絶望」と認識するところから、次の時代を切り拓けると感じたからだ。朝日を退社するときのメッセージに盛り込み、岩波書店の月刊誌『世界』への寄稿の際、同誌の編集者である大山美佐子さんが「絶望からのメディア論」と名づけてくれた。

新たな人生の出発において、「民主主義のインフラ」として立ち上がった出版社、地平社から決意の本を出すことができた。編集長の熊谷伸一郎さんをはじめ、いろいろとご負担をおかけしたが、この場を借りて謝辞を伝えたい。「独立を何より尊ぶ」という経営理念に感銘を受けた。長い物に巻かれるのではなく、一人ひとりが独立の精神を取り戻すことが、今のメディア環境を立て直すうえで最も大切なことだと考えるからだ。

最後に、琉球新報に残るむのたけじさんの言葉を紹介して筆を擱(お)きたい。戦争報道の責任をとって一九四五年八月一五日に朝日を退社した先輩ジャーナリストが琉球新報の講演で語ったものだ。


当時の記者は、必ずしもヘラヘラ軍部のお先棒を担いでいたわけじゃない。そういう記者もいたが、私の体験から言えば、記者十人のうち時の権力におもねた者は二人だね。三人はいなかったと思う。(中略)しかし、結局、今思えば惰性に流された。そこが問題だ。今そういう状況にないか、どうか。

(中略)

新聞は抵抗しながらも権力の側になびき、その道具にされているか丸見えだ。それを続けていったら、必ず同じ不幸はまた繰り返される。

二〇二四年三月二四日　那覇市の「留魂壕」前で

南 彰（みなみ・あきら）
琉球新報編集委員、元朝日新聞記者。1979年生まれ。2002年、朝日新聞社に入社し、2008年から東京政治部・大阪社会部で政治取材を担当。2018年9月から2年間、新聞労連委員長を務める。2023年10月、朝日新聞を退職。11月から琉球新報で記者・編集委員。著書に『報道事変――なぜこの国では自由に質問できなくなったか』（朝日新聞出版、2019年）、『政治部不信――権力とメディアの関係を問い直す』（同、2020年）、『黙殺される教師の「性暴力」』（同、2022年）など。

絶望からの新聞論

2024年4月23日――初版第1刷発行

著者……………………南 彰（みなみ あきら）

発行者………………熊谷伸一郎

発行所………………地平社
〒101-0051
東京都千代田区神田神保町1丁目32番 白石ビル2階
電話：03－6260－5480（代）
FAX：03－6260－5482
www.chiheisha.co.jp

デザイン……………赤崎正一（協力＝国府台さくら）

印刷製本……………モリモト印刷

ISBN978-4-911256-01-5 C0036

地平社 乱丁・落丁本はお取りかえします。

内田聖子 著

デジタル・デモクラシー

ビッグ・テックを包囲するグローバル市民社会

四六判二六四頁／本体二〇〇〇円

東海林 智 著

ルポ 低賃金

四六判二四〇頁／本体一八〇〇円

価格税別

地平社

三宅芳夫 著

世界史の中の戦後思想

自由主義・民主主義・社会主義

四六判三〇四頁／本体二八〇〇円

アーティフ・アブー・サイフ著　中野真紀子 訳

ガザ日記

ジェノサイドの記録

四六判四一六頁／本体二八〇〇円

★二〇二四年五月刊行予定